Das ultimative Bodybuilding-Trainingsprogramm: Steiger deine Muskelmasse in 30 Tagen oder weniger ohne Anabolika, Steroide, Kreatine oder Pillen

Von
Joseph Correa
Profi-Sportler und Trainer

COPYRIGHT

© 2015 Correa Media Group
Alle Rechte vorbehalten.
Die Vervielfältigung und Übersetzung von Teilen dieses Werkes, mit Ausnahme zum in Paragraph 107 oder 108 des United States Copyright Gesetzes von 1976 dargelegten Zwecke, ist ohne die Erlaubnis des Copyright-Inhabers gesetzeswidrig.
Diese Veröffentlichung dient dazu fehlerfreie und zuverlässige Informationen zu dem auf dem Cover abgedruckten Thema zu liefern. Es wird mit der Einstellung verkauft, dass weder der Autor noch der Herausgeber befähigt sind, medizinische Ratschläge zu erteilen. Wenn medizinischer Rat oder Beistand notwendig sind, konsultieren Sie einen Arzt. Dieses Buch ist als Ratgeber konzipiert und sollte in keinster Weise zum Nachteil Ihrer Gesundheit gereichen. Konsultieren Sie einen Arzt, bevor Sie mit diesen Meditationsübungen beginnen, um zu gewährleisten, dass sie das Richtige für Sie sind.

DANKSAGUNG

An all die Menschen, die mich unterstütz und mir geholfen haben, dieses Buch zu schreiben.

Das ultimative Bodybuilding-Trainingsprogramm: Steiger deine Muskelmasse in 30 Tagen oder weniger ohne Anabolika, Steroide, Kreatine oder Pillen

Von
Joseph Correa
Profi-Sportler und Trainer

EINLEITUNG

Diese Buch richtet sich an Bodybuilder, die ihr Muskelwachstum beschleunigen möchten. Dazu brauchen sie einen soliden Trainingsplan, den sie entsprechend durch eine ausgewogene Ernährung ergänzen müssen.

In diesem Buch findest du einen Trainingsplan und einen Kalender. Es stehen sowohl ein NORMALES als auch ein INTENSIVES TRAININGSPROGRAMM für dich bereit, nur für den Fall, dass dich der normale Kalender nicht ausreichend fordert. Achte darauf auch die vorgeschlagenen Rezepte auszuprobieren. Mit diesen wirst du maximale Ergebnisse im Muskelwachstum erzielen. Iss gesund und trainiere hart, dann wirst du sehr schnell erste Resultate sehen. Die richtige Nährwertmenge liefern dir in diesem Trainingsprogramm Frühstücks-, Mittagessen-, Abendessen- und Dessert-Rezepte. Zusätzliches Muskelwachstum bescheren dir auch die Shake-Rezepte.

Bodybuilder, die diesem Trainingsplan folgen, werden das Folgende bemerken:
- Beschleunigtes Muskelwachstum

- Verbesserte Stärke, Mobilität und Muskelreaktion
- Eine bessere Kapazität um längere Zeit trainieren zu können
- Schnelleres Wachstum von leichter Muskelmasse
- Langsamere Ermüdungserscheinungen der Muskeln
- Schnellere Erholungszeiten nach einem Wettbewerb oder Training

INHALTSVERZEICHNIS

COPYRIGHT

DANKSAGUNG

EINLEITUNG

KAPITEL 1: KALENDER FÜR DAS ULTIMATIVE BODYBUILDING-TRAININGSPROGRAMM
NORMALER KALENDER
INTENSIVER KALENDER

KAPITEL 2: ÜBUNGEN FÜR DAS ULTIMATIVE BODYBUILDING-TRAININGSPROGRAMM
DYNAMISCHE AUFWÄRMÜBUNGEN
TRAININGSÜBUNGEN FÜR HÖCHSTLEISTUNGEN

KAPITEL 3: MUSKELWACHSTUM FÜR BODYBUILDER: FRÜHSTÜCKS-REZEPTE

KAPITEL 4: MUSKELWACHSTUM FÜR BODYBUILDER: MITTAGESSEN-REZEPTE

KAPITEL 5: MUSKELWACHSTUM FÜR BODYBUILDER: ABENDESSEN-REZEPTE

KAPITEL 6: MUSKELWACHSTUM FÜR BODYBUILDER: DESSERT-REZEPTE

KAPITEL 7: PROTEINREICHE SHAKES FÜR EIN BESCHLEUNIGTES MUSKELWACHSTUM

ANDERE WERKE DES AUTORS

KAPITEL 1: KALENDER FÜR DAS ULTIMATIVE BODYBUILDING-TRAININGSPROGRAMM

"NORMALER" KALENDER

			1	2	3	4
5	6	7	8	9	10	11
Brust & Trizeps	Core-Muskeln	Quadrizeps & Oberschenkel	Aktive Erholung	Rücken & Bizeps	Deltamuskeln	Aktive Erholung
12	13	14	15	16	17	18
Brust & Trizeps	Core-Muskeln	Quadrizeps & Oberschenkel	Aktive Erholung	Rücken & Bizeps	Deltamuskeln	Aktive Erholung
19	20	21	22	23	24	25
Brust & Trizeps	Core-Muskeln	Quadrizeps & Oberschenkel	Aktive Erholung	Rücken & Bizeps	Deltamuskeln	Aktive Erholung
26	27	28	29	30	31	
Brust & Trizeps	**Core-Muskeln**	**Quadrizeps & Oberschenkel**	**Aktive Erholung**	**Rücken & Bizeps**	**Deltamuskeln**	**Aktive Erholung**

"INTENSIVER" KALENDER

				1	2	3	4
5	6	7	8	9	10	11	
Brust & Trizeps	Core-Muskeln	Quadrizeps & Oberschenkel	Aktive Erholung	Rücken & Bizeps	Deltamuskeln	Aktive Erholung	
12	13	14	15	16	17	18	
Brust & Trizeps	Core-Muskeln	Quadrizeps & Oberschenkel	Aktive Erholung	Rücken & Bizeps	Deltamuskeln	Aktive Erholung	
19	20	21	22	23	24	25	
Brust & Trizeps	Core-Muskeln	Quadrizeps & Oberschenkel	Aktive Erholung	Rücken & Bizeps	Deltamuskeln	Aktive Erholung	
26	27	28	29	30	31		
Brust & Trizeps	**Core-Muskeln**	**Quadrizeps & Oberschenkel**	**Aktive Erholung**	**Rücken & Bizeps**	**Deltamuskeln**	**Aktive Erholung**	

KAPITEL 2: ÜBUNGEN FÜR DAS ULTIMATIVE BODYBUILDING-TRAININGSPROGRAMM

TRAININGSREGEL

Dich werden in den nächsten vier Wochen fünf vollständige Workouts erwarten. Diese Workouts wurden nicht nur erstellt, um dein Muskelwachstum anzuregen, sondern auch um sicherzustellen, dass alle Muskelgruppen angesprochen werden.

SEI NICHT NACHLÄSSIG BEI DER AKTIVEN ERHOLUNG

An Tagen, an denen kein Workout vorgesehen ist, steht eine aktive Erholung auf dem Programm, die um Dehnübungen angereichert ist. Dadurch stellen wir sicher, dass unsere Muskeln eine optimale Mobilität aufrecht erhalten, wenn wir Muskeln aufbauen.

WAS BIN ICH NACH DIESESM PROGRAMM IN DER LAGE ZU TUN?

Der Sinn dieses Programms liegt darin, synergistisch zu arbeiten. Dabei helfen auch die Rezepte in diesem Buch, die ein beschleunigtes Muskelwachstum hervorrufen. Du kannst damit rechnen, größer, stärker und schlanker zu werden.

WORKOUT FORMAT

Jede Woche ist unterteilt in 5 Workouts, die in diesem Buch als „Splits" bezeichnet werden und verschiedene Muskelgruppen ansprechen. Diese Splits sind wie folgt organisiert: Brust & Trizeps, Rücken & Bizeps, Quadrizeps & Oberschenkel (Beine), Trapez- und Deltamuskeln (Schultern) und Abdominalmuskeln (Core). Zusätzlich dazu erwarten dich an deinen freien Tagen 2 aktive Erholungs- und Dehn-Einheiten. Diese sprechen den ganzen Körper an, egal an welcher Muskelgruppe du gerade arbeitest.

- ✓ **In den Wochen 1 und 3 mache Übung:** 1,2,7 und 8 für jeden Split mit Ausnahme der Schultern, die in Übung 1,2,3 und 4 angesprochen werden

- ✓ **In den Wochen 2 und 4 mache Übung:** 3,4,5 und 6 für jeden Split mit Ausnahme der Schultern, die in Übung 1,2,3 und 4 angesprochen werden

INTENSIVE ROUTINE

Wir waren außerdem so frei, einen intensiven Kalender zu erstellen. Die Splits bleiben die gleichen, mit der einzigen Ausnahme, dass die Einheiten verdoppelt werden. Du solltest nicht die Gewichte oder die Anzahl der Wiederholungen verändern. Eventuell gönnst du dir eine längere Pause zwischen den Einheiten.

DEHN-ROUTINE

Diese besteht aus einer Einheit aus 7 Dehnübungen, die der Sportler an den mit "Aktiver Erholung" gekennzeichneten Tagen erledigen muss.

1. **Vollständige Dehnübungen für Schulter und Brust:** Halte dich an einer Stange eines Kniebeugeständers oder an einem anderen Gegenstand fest. Strecke deine Arme in voller Länge von dir weg. Drehe deinen Körper, ohne dabei die Arme zu bewegen, bis du ein Ziehen in der Brust und den Schultern spürst. Halte dich 90 Sekunden in dieser Position. Wiederhole die Übung mit dem anderen Arm.

2. **Hänge-Dehnübung:** Bringe dich in eine Klimmzug-Position. Deine Handflächen sollten nach außen zeigen. Halte dich 90 Sekunden.

3. **Dehnübung für den Trizeps:** Strecke deine Arme über deinem Kopf aus. Fasse mit einem Arm an deinen Nacken. Fasse mit der anderen Hund an den Ellbogen an deinen gebeugten Arm und ziehe ihn in Richtung deines Nackens. Halte dich 90 Sekunden

lang in dieser Position. Wiederhole die Übung mit dem anderen Arm.

4. **Dehnübung des Quadrizeps:** Stelle dich vor eine Wund. Leg eine Hand an die Wand und stütze dich darauf ab. Ziehe das gegenüberliegende Bein nach hinten. Mit der freien Hand kannst du dein Fuß zu deinem Hintern ziehen. Halte die Position 90 Sekunden lang. Wiederhole die Übung mit dem anderen Bein.

5. **Dehnübung für die Waden:** Stell dich einen Meter vor der Wund auf und lass dich darauf fallen. Fange dich mit beiden Händen ab. Du solltest dich in einem rechten Winkel zur Wund befinden. Halte dich 90 Sekunden lang.

6. **Dehnübungen für die Oberschenkel:** Setz dich auf den Boden und strecke ein Bein vor dir aus. Beuge das andere Knie, indem du deinen Fuß auf den Schenkel des ausgestreckten Beins legst. Fahre mit der Hund, welche sich auf der gleichen Seite wie das ausgestreckte Bein befindet, dein Bein entlang. Halte dich 90 Sekunden lang. Wiederhole die Übung mit dem anderen Bein.

7. **Dehnübung des Abdomens:** Leg dich auf den Bauch und drücke mit deinen Händen deinen Torso ab (die Beine sollten flach sein, der Torso gebogen). Halte dich 90 Sekunden lang.

AKTIVE ERHOLUNG EINHEITEN

Diese bestehen aus einem Set von 6 Übungen, die Sportler vor jedem Workout (die in diesem Buch als Splits bezeichnet werden) in Kombination mit einer 30-minütigen, moderaten Kardio, absolvieren sollten. Desweiteren müssen diese Übungen auch an den drei mit „Aktive Erholung" gekennzeichneten Tagen in der Woche ausgeführt werden, die den Dehnübungen vorausgehen.

1. **Rolle mit V-Sitz:** Setz dich auf den Boden. Werfe dich im nächsten Schritt nach hinten, indem du deine Knie nach innen ziehst, so dass sie deine Brust berühren (dein Gewicht sollte sich nun auf deinen Rücken verlagern). Deine Arme breitest du auf dem Boden aus. Rolle anschließend wieder nach vorn und spreize deine Beine, bis sie ein V formen. Wiederhole diese Übung 15 Mal.

2. **Feuerhydranten:** Geh runter auf die Knie. Die Handflächen liegen flach auf dem Boden auf (auf Höhe der Schultern). Achte darauf, dass dein Rücken gerade ist. Ziehe nun mit deinen Knien einen Kreis, ohne dabei deinen Rücken zu

bewegen. Bewege sie dazu vorwärts, rückwärts und zur Seite. Wiederhole diese Übungen pro Bein 15 Mal.

3. **Rolle Tractus iliotibialis:** Rolle dich mit einer Schaumstoffrolle zwischen deinen Schenkeln. Führe die Übung 10-15 Mal aus. Fokussiere dich dabei auf das Gebiet um deine Schenkel.

4. **Schaumstoffrollen-Entführung:** Rolle dich mit einer Schaumstoffrolle unterhalb der Leistengegend deiner Hüfte und arbeite dich nach oben vor. Mache 10-15 Rollen. Fokussiere dich dabei auf das Gebiet um deine Schenkel.

5. **Lacrosse-Smashball:** Platzier einen Tennisball unterhalb deines Hinters. Überkreuze deine Beine und rolle dich, bis du eine schmerzhafte Stelle erreichst. Behandel diese 60 Sekunden mit dem Ball. Wiederhole die Übung für die andere Seite.

6. **Stöhner:** Bringe dich in eine Liegestütz-Position. Benutze beiden Beine, springe nach vor, ohne dabei deine Hände zu verwenden und lande direkt neben deinen Händen. Springe zurück in die

Liegestütz-Position. Wiederhole die Übung 20 Mal.

BRUST & TRIZEPS-ÜBUNGEN

Dies sind die Übungen, die deinen Brust und deinen Trizeps trainieren.
.

1. Barrenstütze mit Gewichten(Trizeps)

Anleitung:

a. Verwende einen Bund mit Gewichten um deinem Torso eine adäquate Anzahl an Gewichten umzuhängen. Halte alternativ eine Hantel zwischen deinen Beinen.
b. Lege deine Hände auf die zwei Seiten deiner Stange, so dass deine Arme vollständig gestreckt sind und dich unterstützen.
c. Senke deinen Körper ab, indem du deinen Ellbogen beugst und dabei sicherstellst, dass deine Bewegung kontrolliert abläuft.
d. Drücke deinen Körper nach oben, um dich in Ausgangsposition zu bringen.

Wiederholungsschema:

***3 Einheiten mit je 10-12 Wiederholungen. Jede Einheit sollte schwierig sein, aber du solltest nicht komplett versagen. Du solltest nach der 10. Wiederholung in der Lage sein, noch 2 oder 3 Wiederholungen mehr zu leisten. Passe die Anzahl der Wiederholungen an, bis sie deine Kriterien erfüllen, aber ändere nicht die Anzahl an Einheiten. Wenn die Übung zu schwierig für dich ist, führe die Barrenstütze ohne Gewichte aus. Wenn sie dann immer noch zu schwierig ist, mache die Übung an einer Maschine für Barrenstütze.

Gesundheitliche Vorteile:

+++Wachstum, ++Stärke, ++Ausdauer

2. **Diamant-Liegestütze mit Gewichten(Trizeps)**

Anleitung:
a. Leg dich mit dem Gesicht nach unten auf den Boden und positioniere deine Hände enger zusammen als deine Schultern.

b. Lass dir von jemandem helfen, dir ein angemessenes Gewicht auf den Rücken zu legen.
c. Senke dich ganz langsam ab, bis deine Brust eine Faust breit vom Boden entfernt ist.
d. Drück dich nach oben ab.

Wiederholungsschema:

***3 Einheiten mit je 10-12 Wiederholungen. Jede Einheit sollte schwierig sein, aber du solltest nicht komplett versagen. Du solltest nach der 10. Wiederholung in der Lage sein, noch 2 oder 3 Wiederholungen mehr zu leisten. Passe das Gewicht an, bis es deine Kriterien erfüllt, aber ändere nicht die Anzahl an Einheiten oder Wiederholungen.

Gesundheitliche Vorteile:

+++Wachstum, ++Stärke, ++Ausdauer

3. Schädelbrecher (Trizeps)

Anleitung:
a. Fasse die Stange fest an und strecke beim Halten die Ellbogen weit zu dir.
b. Leg dich auf die Bank und achte darauf, dass deine Arme einen 90°-Winkel bilden.
c. Senke nun die Stange herab, ohne dabei deine Atme zu bewegen.
d. Hebe die Stange anschließend in ihre Ausgangsposition.

Wiederholungsschema:

***3 Einheiten mit je 10-12 Wiederholungen. Jede Einheit sollte schwierig sein, aber du solltest nicht komplett versagen. Du solltest nach der 10. Wiederholung in der Lage sein, noch 2 oder 3 Wiederholungen mehr zu leisten. Passe das Gewicht an, bis es deine Kriterien erfüllt, aber ändere nicht die Anzahl an Einheiten oder Wiederholungen.

Gesundheitliche Vorteile:

+++Wachstum, ++Stärke, ++Ausdauer

4. Trizeps-Verlängerung (Trizeps)

Anleitung:
a. Setz dich an einen Trizepsstrecker.
b. Leg deine Arme an das Polster und greife nach den Griffen.
c. Senk deine Arme ab, indem du deine Ellbogen ausstreckst.
d. Komme zurück in die Ausgangsposition.

Wiederholungsschema:

***3 Einheiten mit je 10-12 Wiederholungen. Jede Einheit sollte schwierig sein, aber du solltest nicht komplett versagen. Du solltest nach der 10. Wiederholung in der Lage sein, noch 2 oder 3 Wiederholungen mehr zu leisten. Passe das Gewicht an, bis es deine Kriterien erfüllt, aber ändere nicht die Anzahl an Einheiten oder Wiederholungen.

Gesundheitliche Vorteile:

+++Wachstum, ++Stärke, +Ausdauer

5. Brustpresse (Brust)

Anleitung:
a. Leg dich auf die Bank, während du deine Füße flach auf den Boden positionierst.
b. Umgreife die Stange mit beiden Händen, die mehr als eine Schulter breit auseinander sein sollten.
c. Hebe die Stange an, so dass sie über der Mitte deiner Brust ist.
d. Senke die Stange ab, bis sie deine Brust berührt oder ihr so nahe wie möglich kommt.
e. Heb die Stange wieder an, bis deine Arme voll ausgestreckt sind.
f. Wiederhole d – e.

Wiederholungsschema:

***3 Einheiten mit je 10-12 Wiederholungen. Jede Einheit sollte schwierig sein, aber du solltest nicht komplett versagen. Du solltest nach der 10. Wiederholung in der Lage sein, noch 2 oder 3 Wiederholungen mehr zu leisten. Passe das Gewicht an, bis es deine Kriterien erfüllt, aber ändere nicht die Anzahl an Einheiten oder Wiederholungen.
Gesundheitliche Vorteile:
+++Wachstum, ++Stärke, +Ausdauer

6. Schräge Bauchpresse (Brust)

Anleitung:
a. Leg dich auf eine schräge Bank, während du deine Füße flach auf den Boden positionierst.
b. Umgreife die Stange mit beiden Händen, die mehr als eine Schulter breit auseinander sein sollten.
c. Hebe die Stange an, so dass sie über der Mitte deiner Brust ist.
d. Senke die Stange ab, bis sie deine Brust berührt oder ihr so nahe wie möglich kommt.
e. Heb die Stange wieder an, bis deine Arme voll ausgestreckt sind.
f. Wiederhole d – e.

Wiederholungsschema:

***3 Einheiten mit je 10-12 Wiederholungen. Jede Einheit sollte schwierig sein, aber du solltest nicht komplett versagen. Du solltest nach der 10. Wiederholung in der Lage sein, noch 2 oder 3 Wiederholungen mehr zu leisten. Passe das Gewicht an, bis es deine Kriterien erfüllt, aber ändere nicht die Anzahl an Einheiten oder Wiederholungen.

Gesundheitliche Vorteile:

+++Wachstum, ++Stärke, +Ausdauer

7. Hantelpresse (Brust)

Anleitung:
a. Setz dich aufrecht auf die Bank und positioniere deine Füße flach auf den Boden.
b. Greif nach den Hanteln und halte sie an deine Schenkel.
c. Leg dich hin, während du die Gewichte von dir wegdrückst, so dass deine Arme vollständig ausgestreckt sind.
d. Senke die Gewichte ab, bis sie deine Brust berühren oder ihr so nahe wie möglich kommt.
e. Heb die Gewichte wieder an, bis deine Arme vollständig ausgestreckt sind.
f. Wiederhole d-e

Wiederholungsschema:

***3 Einheiten mit je 10-12 Wiederholungen. Jede Einheit sollte schwierig sein, aber du solltest nicht komplett versagen. Du solltest nach der 10. Wiederholung in der Lage sein, noch 2 oder 3 Wiederholungen mehr zu leisten. Passe das Gewicht an, bis es deine Kriterien erfüllt, aber ändere nicht die Anzahl an Einheiten oder Wiederholungen.

Gesundheitliche Vorteile:

+++Wachstum, ++Stärke, +Ausdauer

8. Flieger (Brust)

Anleitung:
a. Setz dich mit einer Hantel in jeder Hand aufrecht auf eine flache Bank.
b. Leg die Hanteln auf deine Schenkel.
c. Leg dich auf die Bank, während du deine Schenkel dazu benutzt, die Hanteln in eine pressende Position zu bringen.
d. Während deine Arme vollständig ausgestreckt sind, senke sie leicht ab.
e. Führe die Arme in die Ausgangsposition zurück, während du eine Brustpresse vollführst.

Wiederholungsschema:

***3 Einheiten mit je 10-12 Wiederholungen. Jede Einheit sollte schwierig sein, aber du solltest nicht komplett versagen. Du solltest nach der 10. Wiederholung in der Lage sein, noch 2 oder 3 Wiederholungen mehr zu leisten. Passe das Gewicht an, bis es deine Kriterien erfüllt, aber ändere nicht die Anzahl an Einheiten oder Wiederholungen. Gesundheitliche Vorteile:

+++Wachstum, ++Stärke, +Ausdauer

ÜBUNGEN FÜR DELTA- UND TRAPEZMUSKELN

Es folgen Übungen, die deine Schultern trainieren.

1. Schulterpresse über Kopf (Deltamuskel)

Anleitung:
a. Stell dich mit den Füßen Schulter breit entfernt vor einer Stange auf.
b. Achte darauf, dass sich die Stange auf Höhe deiner Schultern befindet.
c. Umgreife die Stange mit beiden Händen. Diese sollten sich weniger als Schulter breit voneinander entfernt befinden und nach außen zeigen.
d. Drücke die Stange in einer vertikalen Linie nach oben, während du leicht dein Kinn bewegst.
e. Senk die Stange auf Ausgangsposition.

Wiederholungsschema:

***3 Einheiten mit je 10-12 Wiederholungen. Jede Einheit sollte schwierig sein, aber du solltest nicht komplett versagen. Du solltest nach der 10. Wiederholung in der Lage sein, noch 2 oder

3 Wiederholungen mehr zu leisten. Passe das Gewicht an, bis es deine Kriterien erfüllt, aber ändere nicht die Anzahl an Einheiten oder Wiederholungen.

Gesundheitliche Vorteile:

+++Stärke, +++Kraft

2. Schulterpresse im Sitzen (Deltamuskel)

Anleitung:
a. Setz dich hin und platziere die Hanteln auf deinen Schenkeln.
b. Drücke die Gewichte von dir weg, indem du deine Knie anhebst.
c. Du solltest dich nun in einer pressenden Position befinden.
d. Drücke das Gewicht in einer vertikalen Linie nach oben.
e. Senke die Gewichte in die Ausgangsposition ab.

Wiederholungsschema:

***3 Einheiten mit je 10-12 Wiederholungen. Jede Einheit sollte schwierig sein, aber du solltest nicht komplett versagen. Du solltest nach der 10. Wiederholung in der Lage sein, noch 2 oder

3 Wiederholungen mehr zu leisten. Passe das Gewicht an, bis es deine Kriterien erfüllt, aber ändere nicht die Anzahl an Einheiten oder Wiederholungen.

Gesundheitliche Vorteile:

+++Wachstum, ++Stärke, +Ausdauer

3. Laterales Hantelheben (Deltamuskeln)

Anleitung:
a. Stell deine Füße Schulter breit voneinander entfernt auf und nimm eine Hantel in jede Hand.
b. Heb ein Gewicht auf jeder Seite, bis sich die Arme senkrecht zum Körper befinden. Die Handflächen zeigen dabei nach unten.
c. Senke die Gewichte wieder auf Ausgangsposition ab.

Wiederholungsschema:

***3 Einheiten mit je 10-12 Wiederholungen. Jede Einheit sollte schwierig sein, aber du solltest nicht komplett versagen. Du solltest nach der 10. Wiederholung in der Lage sein, noch 2 oder

3 Wiederholungen mehr zu leisten. Passe das Gewicht an, bis es deine Kriterien erfüllt, aber ändere nicht die Anzahl an Einheiten oder Wiederholungen.

Gesundheitliche Vorteile:

+++Wachstum, ++Stärke, +Ausdauer

4. Aufrechtes Rudern (Deltamuskel)

Anleitung:
a. Stell deine Füße Schulter breit voneinander entfernt auf und nimm eine Hantel in jede Hand.
b. Ruder mit deinen Hanteln, während die Handflächen vertikal nach oben zeigen.
c. Senke die Gewichte wieder auf Ausgangsposition ab.

Wiederholungsschema:

***3 Einheiten mit je 10-12 Wiederholungen. Jede Einheit sollte schwierig sein, aber du solltest nicht komplett versagen. Du solltest nach der 10. Wiederholung in der Lage sein, noch 2 oder 3 Wiederholungen mehr zu leisten. Passe das Gewicht an, bis es deine Kriterien erfüllt, aber ändere nicht die Anzahl an Einheiten oder Wiederholungen.

Gesundheitliche Vorteile:

+++Wachstum, ++Stärke, +Ausdauer

ÜBUNGEN FÜR RÜCKEN & BIZEPS

Es folgen die Übungen, die deinen Rücken und deinen Bizeps trainieren.

1. Klimmzug (Rücken)

Anleitung:
a. Umgreife die Stange so, dass die Handflächen nach vorne zeigen und sich auf der Höge deiner Schulter befinden.
b. Sobald du hängst, ziehe deinen Körper etwas nach oben.
c. Drücke deinen Körper nach oben, bis die Stange deine Brust berührt oder fast dabei ist, dies zu tun.
d. Bewege deinen Körper nach unten und wiederhole diese Übung.

Wiederholungsschema:

***3 Einheiten mit je 10-12 Wiederholungen. Jede Einheit sollte schwierig sein, aber du solltest nicht komplett versagen. Du solltest nach der 10. Wiederholung in der Lage sein, noch 2 oder 3 Wiederholungen mehr zu leisten. Passe das Gewicht an, bis es deine Kriterien erfüllt, aber ändere nicht die Anzahl an Einheiten oder Wiederholungen. Gesundheitliche Vorteile:

+++Wachstum, ++Stärke, +Ausdauer

2. Langhantelruder (Rücken)

Anleitung:
a. Halte die Langhantel, indem deine Handflächen nach innen zeigen.
b. Lass die Langhantel leicht an deiner Hüfte herunterhängen oder bis deine Arme vollkommen gestreckt sind.
c. Beuge deine Knie leicht und beuge deinen Torso nach vorn, während du darauf achtest, dich nicht zu drehen.
d. Dein Kopf sollte nach vorne gerichtet sein. Deine Beine und dein Torso sollten eine L Form annehmen, während deine Langhantel noch immer nach unten hängt.
e. Während dein Körper feststeht, hebe die Langhantel zu deinem Bauchnabel.
f. Senke die Langhantel auf Ausgangsposition ab.

Wiederholungsschema:

***3 Einheiten mit je 10-12 Wiederholungen. Jede Einheit sollte schwierig sein, aber du solltest nicht komplett versagen. Du solltest nach der 10. Wiederholung in der Lage sein, noch 2 oder 3 Wiederholungen mehr zu leisten. Passe das Gewicht an, bis es deine Kriterien erfüllt, aber ändere nicht die Anzahl an Einheiten oder Wiederholungen.

Gesundheitliche Vorteile:

+++Wachstum, ++Stärke, +Ausdauer

3. **Abtrünniges Ruder (Rücken)**

Anleitung:
a. Leg zwei Kugelhanteln Schulter breit auseinander auf den Fußboden.
b. Bring dich in dieselbe Position wie bei den Liegestützen und greife mit jeder Hand nach einer Kugelhantel.
c. Führe eine Liegestütze aus.
d. Wenn du oben angelangt bist, ruder mit den Kugelhanteln so, wie du es mit der Langhantel normalerweise machst.
e. Wiederhole die Übung mit der anderen Hand.

Wiederholungsschema:

***3 Einheiten mit je 10-12 Wiederholungen. Jede Einheit sollte schwierig sein, aber du solltest nicht komplett versagen. Du solltest nach der 10. Wiederholung in der Lage sein, noch 2 oder 3 Wiederholungen mehr zu leisten. Passe das Gewicht an, bis es deine Kriterien erfüllt, aber ändere nicht die Anzahl an Einheiten oder Wiederholungen.

Gesundheitliche Vorteile:

+++Wachstum, ++Stärke, +Ausdauer

4. Einseitig belastetes Langhantelruder (Rücken)

Anleitung:
a. Leg das Gewicht auf eine Seite deiner Langhantel an.
b. Nimm eine Ruder-Position ein.
c. Greif die Stange mit beiden Händen auf der Seite der Gewichte.
d. Ruder die Stange in Richtung deines Bauchnabels.
e. Senk die Stange in Ausgangsposition ab.

Wiederholungsschema:

***3 Einheiten mit je 10-12 Wiederholungen. Jede Einheit sollte schwierig sein, aber du solltest nicht komplett versagen. Du solltest nach der 10. Wiederholung in der Lage sein, noch 2 oder 3 Wiederholungen mehr zu leisten. Passe das Gewicht an, bis es deine Kriterien erfüllt, aber ändere nicht die Anzahl an Einheiten oder Wiederholungen.

Gesundheitliche Vorteile:

+++Wachstum, ++Stärke, +Ausdauer

5. Hammercurls (Bizeps)

Anleitung:
a. Positioniere deine Füße Schulter breit entfernt und nimm eine Kurzhantel in jede Hand.
b. Kreise die Gewichte, während deine Handflächen in Richtung deiner Schenkel zeigen.
c. Halte sie eine Sekunde lang auf der Höhe deiner Kreisbewegung.
d. Senke die Gewichte wieder auf Ausgangsposition herab.

Wiederholungsschema:

***3 Einheiten mit je 10-12 Wiederholungen. Jede Einheit sollte schwierig sein, aber du solltest nicht komplett versagen. Du solltest nach der 10. Wiederholung in der Lage sein, noch 2 oder 3 Wiederholungen mehr zu leisten. Passe das Gewicht an, bis es deine Kriterien erfüllt, aber ändere nicht die Anzahl an Einheiten oder Wiederholungen.

Gesundheitliche Vorteile:

+++Wachstum, ++Stärke, +Ausdauer

6. Kurzhantel-Curl (Bizeps)

Anleitung:
b. Positioniere deine Füße Schulter breit entfernt und nimm eine Kurzhantel in jede Hand.
c. Kreise die Gewichte, während deine Handflächen zu dir zeigen.
d. Halte sie eine Sekunde lang auf der Höhe deiner Kreisbewegung.
e. Senke die Gewichte wieder auf Ausgangsposition herab.

Wiederholungsschema:

***3 Einheiten mit je 10-12 Wiederholungen. Jede Einheit sollte schwierig sein, aber du solltest nicht komplett versagen. Du solltest nach der 10. Wiederholung in der Lage sein, noch 2 oder 3 Wiederholungen mehr zu leisten. Passe das Gewicht an, bis es deine Kriterien erfüllt, aber ändere nicht die Anzahl an Einheiten oder Wiederholungen.

Gesundheitliche Vorteile:

+++Wachstum, ++Stärke, +Ausdauer

7. Langhantel-Curl (Bizeps)

Anleitung:
a. Positioniere deine Füße Schulter breit entfernt und nimm eine Langhantel. Deine Handflächen sollten von dir weg zeigen.
b. Deine Hände sollten sich weniger al seine Schulter breit entfernt voneinander befinden.

c. Kreise das Gewicht und halte es eine Sekunde lang auf der Höhe deiner Kreisbewegung.
   d. Senke das Gewicht wieder auf Ausgangsposition herab.

Wiederholungsschema:

***3 Einheiten mit je 10-12 Wiederholungen. Jede Einheit sollte schwierig sein, aber du solltest nicht komplett versagen. Du solltest nach der 10. Wiederholung in der Lage sein, noch 2 oder 3 Wiederholungen mehr zu leisten. Passe das Gewicht an, bis es deine Kriterien erfüllt, aber ändere nicht die Anzahl an Einheiten oder Wiederholungen.

Gesundheitliche Vorteile:

+++Wachstum, ++Stärke, +Ausdauer

8. Hammercurls mit Seil (Bizeps)

Anleitung:
   a. Hänge ein Seil auf eine Seilrolle und platzier es auf niedrigster Höhe.
   b. Stell dich zwei Fuß breit entfernt von dem Seil auf.

c. Greif nach dem Seil und kreise das Gewicht, während deine Ellbogen zu dir zeigen.
d. Senk das Gewicht auf Anfangsposition ab.

Wiederholungsschema:

***3 Einheiten mit je 10-12 Wiederholungen. Jede Einheit sollte schwierig sein, aber du solltest nicht komplett versagen. Du solltest nach der 10. Wiederholung in der Lage sein, noch 2 oder 3 Wiederholungen mehr zu leisten. Passe das Gewicht an, bis es deine Kriterien erfüllt, aber ändere nicht die Anzahl an Einheiten oder Wiederholungen.

Gesundheitliche Vorteile:

+++Wachstum, ++Stärke, +Ausdauer

ÜBUNGEN FÜR QUADRIZEPS, OBERSCHENKEL UND WADEN

Es folgen Übungen, die deinen Unterkörper trainieren.

1. Beincurls im Sitzen (Quadrizeps)

Anleitung:
a. Setz dich auf die Maschine.
b. Leg dein Unterbein auf das Polster.
c. Heb deine Beine an, bis sie vollständig ausgestreckt sind und halte sie 1 Sekunde in dieser Position.
d. Senke das Gewicht auf Ausgangsposition zurück.

Wiederholungsschema:

***3 Einheiten mit je 10-12 Wiederholungen. Jede Einheit sollte schwierig sein, aber du solltest nicht komplett versagen. Du solltest nach der 10. Wiederholung in der Lage sein, noch 2 oder 3 Wiederholungen mehr zu leisten. Passe das Gewicht an, bis es deine Kriterien erfüllt, aber ändere nicht die Anzahl an Einheiten oder Wiederholungen.

Gesundheitliche Vorteile:

+++Wachstum, ++Stärke, +Ausdauer

2. Ausfallschritt (Quadrizeps)

Anleitung:
a. Positionier deine Füße Schulter breit auseinander.
b. Mache mit dem rechten Bein einen größtmöglichen Schritt nach vorn, ohne es zu übertreiben.
c. Beuge dein linkes Bein, bis dein linkes Knie fast den Boden berührt.
d. Wiederhole die Übung mit dem linken Bein (beuge das rechte Bein).

Wiederholungsschema:

***3 Einheiten mit je 10-12 Wiederholungen. Jede Einheit sollte schwierig sein, aber du solltest nicht komplett versagen. Du solltest nach der 10. Wiederholung in der Lage sein, noch 2 oder 3 Wiederholungen mehr zu leisten. Passe das Gewicht an, bis es deine Kriterien erfüllt, aber ändere nicht die Anzahl an Einheiten oder Wiederholungen.

Gesundheitliche Vorteile:

+++Wachstum, ++Stärke, +Ausdauer

3. High Bar Kniebeuge (Quadrizeps)

Anleitung:
a. Positioniere deine Füße Schulter breit auseinander.
b. Halte die Stange, indem du beide Arme auf je eine Seite der Stange mit einer Schulter breit Abstand legst. (die Stange sollte sich auf Höhe deiner Schultern befinden)
c. Während du die Stange hältst, gehe unter die Stange, so dass sie auf deinen Trapezmuskeln liegt.
d. Stehe nun auf, damit die Stange mit ihrem vollen Gewicht auf deinen Trapezmuskeln ruht.
e. Mache einen Schritt zurück und gehe in die Knie.
f. Richte dich anschließend wieder auf, bis deine Beine wieder voll gestreckt sind.

Wiederholungsschema:

***3 Einheiten mit je 10-12 Wiederholungen. Jede Einheit sollte schwierig sein, aber du solltest nicht komplett versagen. Du solltest nach der 10. Wiederholung in der Lage sein, noch 2 oder 3 Wiederholungen mehr zu leisten. Passe das Gewicht an, bis es deine Kriterien erfüllt, aber ändere nicht die Anzahl an Einheiten oder Wiederholungen.

Gesundheitliche Vorteile:

+++Wachstum, ++Stärke, +Ausdauer

4. Kniebeuge im engen Stand (Quadrizeps)

Anleitung:
a. Positioniere deine Füße so nahe wie möglich beieinander, ohne dass sie sich berühren.
b. Sitz dich, indem du deine Hüften nach hinten bewegst. Strecke deine Arme vor dich aus.
c. Stell sicher, dass du geradeaus schaust und dein Rücken gerade ist, während du die Kniebeugen ausführst.
d. Richte dich wieder auf und strecke deine Beine aus.

Wiederholungsschema:

***3 Einheiten mit je 10-12 Wiederholungen. Jede Einheit sollte schwierig sein, aber du solltest nicht komplett versagen. Du solltest nach der 10. Wiederholung in der Lage sein, noch 2 oder 3 Wiederholungen mehr zu leisten. Passe das Gewicht an, bis es deine Kriterien erfüllt, aber ändere nicht die Anzahl an Einheiten oder Wiederholungen.

Gesundheitliche Vorteile:

+++Wachstum, ++Stärke, +Ausdauer

5. Front-Kniebeuge (Quadrizeps)

Anleitung:
a. Positionier deine Füße vor einer Langhantel Schulter breit auseinander.
b. Leg das Gewicht zwischen deine Schultern und Arme.
c. Hebe deine Arme und überkreuze sie, so dass sie und deine Schultern eine Plattform für die Hantel bilden.
d. Beuge deine Knie, bis sich dein Quadrizeps parallel zum Boden befindet.

Achte darauf, deinen Rücken gerade zu halten.
e. Richte dich wieder auf.

Wiederholungsschema:

***3 Einheiten mit je 10-12 Wiederholungen. Jede Einheit sollte schwierig sein, aber du solltest nicht komplett versagen. Du solltest nach der 10. Wiederholung in der Lage sein, noch 2 oder 3 Wiederholungen mehr zu leisten. Passe das Gewicht an, bis es deine Kriterien erfüllt, aber ändere nicht die Anzahl an Einheiten oder Wiederholungen.

Gesundheitliche Vorteile:

+++Wachstum, ++Stärke, +Ausdauer

6. **Kreuzheben mit Langhantel und starrem Bein (Oberschenkel)**

Anleitung:
a. Stell dich aufrecht hin und positionier dein Beine Schulter breit auseinander.
b. Umgreife die Hantel, die sich auf dem Fußboden befindet. Die Handflächen zeigen nach unten.

c. Bück dich, bis du die Hantel erreichst.
d. Achte darauf, dass sich deine Knie nicht beugen, heb die Hantel auf und richte dich wieder auf.
e. Beuge dich wieder und wiederhole die Übung.

Wiederholungsschema:

***3 Einheiten mit je 10-12 Wiederholungen. Jede Einheit sollte schwierig sein, aber du solltest nicht komplett versagen. Du solltest nach der 10. Wiederholung in der Lage sein, noch 2 oder 3 Wiederholungen mehr zu leisten. Passe das Gewicht an, bis es deine Kriterien erfüllt, aber ändere nicht die Anzahl an Einheiten oder Wiederholungen.

Gesundheitliche Vorteile:

+++Wachstum, ++Stärke, +Ausdauer

7. Kreuzheben (Quadrizeps, Oberschenkel)

Anleitung:

a. Positionier deine Füße vor einer Langhantel Schulter breit auseinander.

b. Beuge deine Knie und umgreife die Hantel mit beiden Händen.
c. Strecke deine Beine durch, während du deinen Torso aufrichtest.
d. Du solltest nun aufrecht stehen und die Langhantel in deinen Händen halten.
e. Senke das Gewicht ab und wiederhole die Übung.

Wiederholungsschema:

***3 Einheiten mit je 10-12 Wiederholungen. Jede Einheit sollte schwierig sein, aber du solltest nicht komplett versagen. Du solltest nach der 10. Wiederholung in der Lage sein, noch 2 oder 3 Wiederholungen mehr zu leisten. Passe das Gewicht an, bis es deine Kriterien erfüllt, aber ändere nicht die Anzahl an Einheiten oder Wiederholungen.

Gesundheitliche Vorteile:

+++Wachstum, ++Stärke, +Ausdauer

8. Oberschenkelcurls (Oberschenkel)

Anleitung:
a. Leg dich auf die Maschine.

b. Leg die ober Hälfte deiner Knöchel auf das Kissen.
c. Heb deine Beine an und halte sie so für eine Sekunde.
d. Senke das Gewicht ab und wiederhole die Übung.

Wiederholungsschema:

***3 Einheiten mit je 10-12 Wiederholungen. Jede Einheit sollte schwierig sein, aber du solltest nicht komplett versagen. Du solltest nach der 10. Wiederholung in der Lage sein, noch 2 oder 3 Wiederholungen mehr zu leisten. Passe das Gewicht an, bis es deine Kriterien erfüllt, aber ändere nicht die Anzahl an Einheiten oder Wiederholungen.

Gesundheitliche Vorteile:

+++Wachstum, ++Stärke, +Ausdauer

ÜBUNGEN FÜR DAS ABDOMEN (CORE)

Es folgen Übungen, die deine Core-Muskeln trainieren.

1. **Seitenbeuge mit Kurzhanteln**

Anleitung:
a. Stell dich mit einer Kurzhantel in beiden Händen auf. Positionier deine Beine Schulter breit auseinander.
b. Beuge dich ab der Hüfte zur Seite.
c. Wiederhole die Übung für die andere Seite.

Wiederholungsschema:

3x20 Seitenbeugen

Gesundheitliche Vorteile:

++Stärke, ++Ausdauer, +++Rumpfstabilität

2. Bauchpresse mit Seil

Anleitung:
a. Knie dich unter eine Seilmaschine mit einem Seil an der Hand.
b. Greife das Seil mit beiden Händen.
c. Beuge deine Hüften, spanne deine Bauchmuskeln an und hebe das Gewicht.
d. Lass es mit deinem Rücken herab.
e. Komm wieder zurück in Ausgangsposition.

Wiederholungsschema:

3x20 Seitenbeugen

Gesundheitliche Vorteile:

++Stärke, ++Ausdauer, +++Rumpfstabilität

3. Russian-Twist mit Gewichten

Anleitung:
a. Leg (oder sitz) dich auf den Boden und ziehe deine Knie an.
b. Achte darauf, dass dein Torso aufrecht ist, so dass er ein V mit deinen Schenkeln bildet.

c. Strecke deine Arme aus, während du ein Gewicht hältst und drehe deinen Torso so weit wie möglich zur rechten Seite.
d. Wiederhole die Übung mit einer Drehung zur linken Seite.

Wiederholungsschema:

***3 Einheiten mit 20 Wiederholungen. Jede Einheit sollte schwierig sein, aber du solltest nicht komplett versagen. Du solltest nach der 20. Wiederholung in der Lage sein, noch 2 oder 3 Wiederholungen mehr zu leisten. Passe die Anzahl der Wiederholungen an, bis sie deine Kriterien erfüllen, aber ändere nicht die Anzahl an Einheiten.

Gesundheitliche Vorteile:

++Stärke, +++Rumpfstabilität

4. Beine heben

Anleitung:
a. Leg dich auf den Boden und strecke deine Beine flach aus.
b. Platzier deine Hände auf beide Seiten direkt neben deinen Hintern.

c. Heb deine Beine an, um einen 90°-Winkel zu erzeugen. Achte darauf, dass deine Beine nicht einknicken (deine Hände sollten dir dabei helfen, die Balance zu halten und dich zu stützen).

Wiederholungsschema:

***3 Einheiten mit 20 Wiederholungen. Jede Einheit sollte schwierig sein, aber du solltest nicht komplett versagen. Du solltest nach der 20. Wiederholung in der Lage sein, noch 2 oder 3 Wiederholungen mehr zu leisten. Passe die Anzahl der Wiederholungen an, bis sie deine Kriterien erfüllen, aber ändere nicht die Anzahl an Einheiten.

Gesundheitliche Vorteile:

++Stärke, +++Rumpfstabilität

5. Bauchpresse

Anleitung:
a. Leg dich mit dem Gesicht nach oben auf den Boden.
b. Beuge deine Knie so, dass sie einen 90°-Winkel bilden.

c. Heb deinen Torso an gerade soweit an, dass deine Schulter nicht mehr den Boden berühren (richte dich nicht vollständig auf)

Wiederholungsschema:

***3 Einheiten mit 40 Wiederholungen. Jede Einheit sollte schwierig sein, aber du solltest nicht komplett versagen. Du solltest nach der 40. Wiederholung in der Lage sein, noch 2 oder 3 Wiederholungen mehr zu leisten. Passe die Anzahl der Wiederholungen an, bis sie deine Kriterien erfüllen, aber ändere nicht die Anzahl an Einheiten.

Gesundheitliche Vorteile:

+++Ausdauer, +++Rumpfstabilität

6. Brett-Liegestütze

Anleitung:

a. Finde dich in der Liegestütz Position ein.
b. Senke dich nach unten ab, so dass du dich in der ersten Hälfte deiner Liegestütz-Bewegung befindest.

c. Halte dich in dieser Position.

Wiederholungsschema:

***3 Einheiten zu 60 Sekunden. Jede Einheit sollte schwierig sein, aber du solltest nicht komplett versagen. Ändere bei Bedarf die Zeit ab, aber nicht die Anzahl an Einheiten.

Gesundheitliche Vorteile:

+++Ausdauer, ++Rumpfstabilität

7. Stehende Windmühle im Liegen

Anleitung:
a. Leg dich mit dem Gesicht nach oben auf den Boden. Strecke deine Arme aus und hebe deine Beine, so dass sie einen 90°-Winkel bilden.
b. Halte die Position.

Wiederholungsschema:

***3 Einheiten zu 60 Sekunden.

Gesundheitliche Vorteile:

+++Ausdauer, +++Stärke

8. Fahrrad-Bauchpresse

Anleitung:
a. Leg dich auf den Rücken. Falte deine Hände hinter deinem Kopf.
b. Beuge deine Beine, so dass sie einen 90°-Winkel bilden.
c. Bring dein rechtes Knie zu deinem linken Ellbogen und berühre ihn wenn möglich.
d. Wiederhole die Übung mit deinem linken Knie.

Wiederholungsschema:

***3 Einheiten mit 20 Wiederholungen. Jede Einheit sollte schwierig sein, aber du solltest nicht komplett versagen. Du solltest nach der 20. Wiederholung in der Lage sein, noch 2 oder 3 Wiederholungen mehr zu leisten. Passe die Anzahl der Wiederholungen an, bis sie deine Kriterien erfüllen, aber ändere nicht die Anzahl an Einheiten.

Gesundheitliche Vorteile:

+++Stärke, +++Ausdauer

KARDIOVASKULÄRE ÜBUNGEN

Es folgen Übungen, die du vor jedem Workout mit angemessener Intensität absolvieren solltest.

1. **Sprintintervall-Training**

Anleitung:

Führe acht Sprints mit maximaler Leistung zu je 30 Sekunden aus. Mache eine Pause von 2 Minuten zwischen den einzelnen Sprints.

Gesundheitliche Vorteile:

++ Kraft, +++Erholung, +++Geschwindigkeit

2. **Hill Sprints (HIT)**

Anleitung:

Führe fünf Sprints an einem Hügel oder an einem Gefälle zu je 10 – 30 Sekunden aus. Mache eine Pause von 2 Minuten zwischen den einzelnen Sprints.

Gesundheitliche Vorteile:

+++Kraft, +++Geschwindigkeit

GLOSSAR

Aktive Erholung: Gönne deinen Muskeln eine Pause, während du aktiv bist. Dadurch fließt das Blut, was dir helfen wird, dich schneller zu erholen.

Bizeps: Armmuskel (innere Region)

Deltamuskel: Schultermuskel

Trapezmuskels: Musculus trapezius (unterhalb des Nackens)

Wachstum: Muskelwachstum

Ausdauer: die Fähigkeit, Leistung über einen längeren Zeitraum hinweg zu erbringen

Niederlage: das ist die vollkommene Erschöpfung, das Unvermögen weiter zu machen

Kraft: die Fähigkeit, so viel Energie wie möglich innerhalb kürzester Zeit zu produzieren

Quadrizeps: Musculus quadrizeps femoris (äußere Region der Oberschenkel)

Oberschenkel: Oberschenkelmuskel (innere Region der Oberschenkel)

Stärke: die Fähigkeit, schwerer Lasten bei gleicher Anstrengung zu tragen

Trizeps: Armmuskel (äußere Region)

KAPITEL 3: MUSKELWACHSTUM FÜR BODYBUILDER: FRÜHSTÜCKS-REZEPTE

Dieses Kapitel versorgt dich mit speziellen Rezepten, die du selbst zubereiten kannst oder dir zubereiten lässt. Sie werden deinen Proteine-Konsum steigern. Du wirst womöglich die Proteinmenge und -einheiten, die du benötigst, steigern wollen. Außerdem ist es möglich die Reihenfolge der Mahlzeiten ganz nach deinen Bedürfnissen zu ändern.

Wenn dir zum Beispiel ein Rezept für ein Abendessen besser gefällt als das vorgeschlagene Mittagsgericht, dann entscheide dich ruhig für deinen Favoriten. Solange du dabei nur drei vollständige Mahlzeiten zu dir nimmst und einen Proteine-Shake direkt im Anschluss an diese Mahlzeiten trinkst.

Bei den Dessert-Rezepten liegt es bei dir, ob du diese in deinen Ernährungsplan aufnehmen möchtest oder nicht.

Um bessere Ergebnisse zu erzielen, versuche mindestens 5 Mahlzeiten pro Tag zu dir zu nehmen und ebenso einen Proteine-Shake.

Achte darauf, genügend Wasser zu trinken. Dies hilft deinem Körper die große Menge an Proteine, die du zu dir nehmen willst, zu verdauen. Abhängig von deinem Lebensstil und der Menge an Kardio, die du absolvierst, kann dies von 10 bis 16 Gläsern variieren.

Frühstücksrezept 1
Ricotta und Pfirsich Waffeln

Dieses wundervolle und leicht zuzubereitende, Proteinreiche Frühstück wird dich über Stunden sättigen und dich außerdem während des Tages mit genügend Energie versorgen. Ricotta ist ein wunderbarer Proteine- und Calcium-Lieferant.

Zutaten:
Vollkorn-Waffel
1 geschnittene Pfirsich
½ Tasse Ricotta-Käse
Zubereitung:
Garniere die Waffel mit Käse und Pfirsichscheiben.
Kalorien: 300
Proteine: 15g
Fette: 13g
Kohlenhydrate: 38g
Ballaststoffe: 6g

Frühstücksrezept2
Apfel, Käse und Zimtsalat

Es gibt nichts Schöneres als den Tag mit einem gesunden und süßen Frühstück zu beginnen. Wenn du Zimt nicht magst, ersetze ihn durch ein anderes Gewürz. Hüttenkäse wird den Arterien verstopfenden Fette n entgegenwirken und steckt voller Proteine.

Zutaten:
¾ Tasse fettarmer Hüttenkäse
1 geschnittener Apfel
Zimt
Zubereitung:
Verstreue einfach den Käse und den Zimt über die Apfelscheiben.
Kalorien: 250
Proteine: 25g
Fette: 2g
Kohlenhydrate: 36
Ballaststoffe: 6

Frühstücksrezept 3
Frühstücks-Klassiker

Das ist die gesündeste Version eines klassischen Sandwichs. Es steckt voller Proteine, die dich für deine Morgen-Workout-Routine mit ausreichend Energie versorgen.

Zutaten:
Englischer Muffin aus Vollkorn
Fettarme Mayo
4 Scheiben Bacon oder Putenschinken
Kopfsalat
Tomatenscheiben
Zubereitung:
Verwende den Muffin als Grundlage und garniere jede Hälfte mit etwas Mayo, einer Scheibe Schinken, Kopfsalat und einer Tomatenscheibe.
Kalorien: 205
Proteine: 16g
Fette: 4g
Kohlenhydrate: 30g
Ballaststoffe: 3g

Frühstücksrezept 4
Griechischer Joghurt mit Früchten

Wann immer du dich nach Joghurt sehnst, denk daran, dass griechischer Joghurt doppelt so viele Proteine hat wie ein traditioneller. Darum sollte er Teil der morgendlichen, proteinreichen Ernährung sein.

Zutaten:
Griechischer Joghurt, 170 g
1 EL geröstete, gehackte Nüsse, eine Sorte nach Wahl
1-2 EL Vollkorn-Getreide
½ Banane
½ Tasse Beeren
1 Orange
Zubereitung:
Vermenge den Joghurt mit allen Zutaten.
Verwende die Orange als Beilage.
Kalorien: 260
Proteine: 22g
Fette: 5g
Kohlenhydrate: 38g
Ballaststoffe: 3g

Frühstücksrezept 5
Proteinreiches Western-Gerangel

Dieses wundervolle Frühstück kannst du sonntags zubereiten und die Woche über essen. Es eignet sich perfekt für vollgepackte Morgen und ist beladen mit 40 g Proteinen für dein Muskelwachstum.

Zutaten:
5 Tassen Schlagsahne
1 Tasse Cheddar-Käse
230 g gewürfelter, salzarmer Schinken
1 Tasse geschnittene Zwiebel
1 geschnittener Poblano Paprika
1 EL Olivenöl
5 Äpfel

Zubereitung:
Erhitze Öl in einer Pfanne bei mittlerer Hitze. Sobald das Öl warm ist, füge den Pfeffer und die Zwiebel dazu. Erhitze alles, bis die Zwiebeln glasig werden. Vermische die Schlagsahne mit dem Schinken, dem Käse, der Paprika und den Zwiebeln.

Lass alles abkühlen. Verrühre die Mischung und erhitze eine Schüssel 2 Minuten lang in der Mikrowelle. Verrühre alles und gib das Ganze weitere 30 Sekunden in die Mikrowelle. Serviere die Schüssel mit einem Apfel.

Kalorien: 418
Fette: 13g
Kohlenhydrates: 35g
Ballaststoffe: 6g
Proteine: 40g

Frühstücksrezept 6
1-Minuten Schinken&Ei

Dieses einfache und gleichzeitig gesunde Frühstücksrezept wird dich bis zum Mittagessen sättigen. Am besten wird es warm serviert. Wer hätte gedacht, dass ein Klassiker wie dieser, dir dabei helfen kann, Muskeln aufzubauen?

Zutaten:
1 dünne Scheibe Delikatessen-Schinken
Eischnee von 1 Ei
geschnittener Cheddar-Käse
Zubereitung:
Leg den Boden einer Kaffeetasse mit Schinken aus. Gib den Eischnee darüber. Stell die Tasse 30 Sekunden lang in die Mikrowelle. Verrühre alles gut und stelle sie erneut 15 bis 30 Sekunden in die Mikrowelle. Garnier das Ganze mit Käse und serviere alles warm.
Kalorien: 133
Fette insgesamt : 8 g
Natrium: 420 mg
 Kohlenhydrates: 2 g
 Proteine: 12 g

Frühstücksrezept 7
Schinken und Eier Frühstück

Ein weiteres gesundes Rezept mit Eiern, das dich bis zum Mittagessen sättigt. Die meisten Menschen genießen jede Zutat darin, so dass das Gericht ohne Weiteres Teil deiner Morgenroutine werden kann.

Zutaten:

2 Eier
2 EL Milch oder Wasser
Salz und Pfeffer
3 TL Butter
4 Scheiben Vollkorn-Brot
2 Scheiben Käse
4 Scheiben gekochter Schinken

Zubereitung:

Verrühre Eier, Milch, Salz und Pfeffer. Erhitze 1 TL Butter bei mittlerer Hitze, bis sie zerlaufen ist. Gib die Eier-Mischung hinzu. Verteile die Eier mit einem Pfannenwender gleichmäßig in der Pfanne. Wende die Eier, bis sie dick und braun sind. Nimm alles aus der Pfanne.

Verteile die verbleibenden 2 TL Butter gleichmäßig auf eine Seite der 4 Brotscheiben. Gib 2 Scheiben in eine Bratpfanne mit der bestrichenen Seite nach unten. Gib darauf die Omelette, den Käse und den Schinken. Bedeck das Ganze mit dem restlichen Brot. Achte darauf, die bestrichene Seite nach oben zu legen. Brate die Sandwiches an, bis das Brot geröstet und der Käse geschmolzen ist.

Kalorien: 408
Fette insgesamt: 23 g
Cholesterol: 239 mg
Natrium: 698 mg
Kohlenhydraten: 24 g
Ballaststoffe: 4 g
Proteine: 23 g

Frühstücksrezept 8
Beeren-Smoothie

Es gibt nichts Leckeres wie ein süßes Frühstück am Morgen. Es benötigt nur 2 Minuten Vorbereitungszeit und wird dich über Stunden sättigen.

Zutaten:
¾ Tasse fettarme Milch
½ Banane
170 g fettarmer griechischer Joghurt
¾ Beeren, frisch oder gefroren
Eiswürfel
Zubereitung:
Vermenge alle Zutaten in einem Mixer, bis es geschmeidig ist. Genieße den Smoothie.
Kalorien: 265
Proteine: 25 g
Fette: 1 g
Kohlenhydrates: 40 g
Ballaststoffe: 4 g

Frühstücksrezept 9
Vegetarisches Garten-Omelette

Dieses farbenfrohe Gericht steckt voller Proteine und ist sehr arm an fetten. Es ist leicht zuzubereiten und das Gemüse kann auch einfach durch Früchte oder umgekehrt ersetzt werden.

Zutaten:
Omelette bestehend aus 1 Ei und 2 bis 3 Eiweißen
Hund voll Spinat, Paprika, Pilze, Zucchini, Zwiebel, Tomaten (oder nur eine)
Gewürze
Basilikum
Vollkorn-Toast
 Butter
Zubereitung:
Schlage die Omelette und füge dann das Gemüse, den geschnittenen Basilikum und die Gewürze hinzu. Genieße das Ganze mit einem Toast und Mandeln, Cashew- oder Erdnussbutter – das fügt gesunde Fette hinzu.
Kalorien: 280
Proteine: 27 g
Fette: 9 g
Kohlenhydrates: 26 g
Ballaststoffe: 5 g

Frühstücksrezept 10
Shake als Essensersatz

Dieser Shake ist dein bester Freund nach einer anstrengenden Workout-Routine. Wenn du die Fette lieber weglassen möchtest, verzichte einfach auf die Erdnussbutter.

Zutaten
1/2 gewürfelte Banane
1/2 Tasse geschnittene Erdbeeren
1 Apfel
1 Pflaume
2 EL Weizenkeim
1 Tasse fettarme Milch
optional 1 EL Erdnussbutter
Zubereitung:
Gib die geschnittene Banane, Apfel, Erdbeeren und Pflaume in einen Mixer. Füge dem Ganzen fettarme Milch, Weizenkeim und optional Erdnussbutter hinzu. Gib Eiswürfel in den Mixer. Serviere das Ganze.
Kalorien: 705
Fette: 21.3 g
Natrium: 177.1 mg
Kohlenhydrate insgesamt: 101.8 g
Ballaststoffe: 22.8 g
Proteine: 43.2 g

Frühstücksrezept 11
10-Minuten Frühstücks-Pita

Leicht zuzubereiten und sehr sättigend! Das Frühstück schmeckt lecker und steckt voller Proteine.

Zutaten:
Geschnittene Jalapenos
ein Pita
5 Sprühstöße Sprühbutter
2 Scheiben amerikanischer, fettarmer Käse
geschnittene Tomate
ein großes Ei
Zubereitung:
Besprüh das Pita-Brot von beiden Seiten mit Butterspray. Gib ein gekochtes Ei darauf. Leg die Jalapenos, Tomaten und eine Käsescheibe darauf. Gib als Letztes eine Scheibe Pita-Brot darauf. Backe das Ganze im Toaster bei 400 Grad 10 Minuten lang.
Kalorien: 240,1
Fette insgesamt: 6,1 g
Cholesterol: 212,5 mg
Natrium: 339,8 mg
Kohlenhydrate insgesamt: 29,8 g
Ballaststoffe: 9,3 g
Proteine: 23,5 g

Frühstücksrezept 12
Frühstücks-Pfannkuchen

Es gibt gesunde Arten von Pfannkuchen und dieser ist einer davon. Leicht und schnell zu machen, verleihen sie dir selbst für das anstrengende Workout genügend Energie

Zutaten:
1 Becher fettarmer griechischer Joghurt
6 Eiweiße
2/3 Tasse Haferflocken
3 TL Zucker
1 EL ungesüßtes Kakaopulver

Zubereitung:
Vermische Eier und Joghurt und anschließend die Haferflocken mit dem Kakaopulver. Besprühe eine Pfanne mit einem Antihaftspray und erhitze die Pfanne. Siehst du Blasen auf dem Pfannkuchen, ist er servierfertig.

Kalorien: 35,5
Fette insgesamt: 0,3 g
Cholesterol: 0,0 mg
Natrium: 37,1 mg
Kohlenhydrate insgesamt: 6,5 g
Ballaststoffe: 0,9 g
Proteine: 23,8 g

KAPITEL 4: MUSKELWACHSTUM FÜR BODYBUILDER: MITTAGESSEN-REZEPTE

Mittagessen-Rezept 1
Hühnchen-Gemüse-Kasserolle

Das ist eine gesunde Version eines allseits beliebten, traditionellen Gerichts. Alles ist frisch und gesund, daher gibt es keinen Grund sich für Fertigsuppen oder Auftaugerichte zu entscheiden.

Zutaten:
340 g leicht gekochte Hühnerbrust
2 TL Mehl
2 TL Butter
250 ml fettarme Milch
weißer Pfeffer
1 TL italienische Kräutermischung
1 TL geriebener Parmesan-Käse
200 g Penne oder Pasta
2 gelbe oder orangene geschnittene Paprika
1 geschnittene Zucchini
2 Rosen geschnittener Broccoli,
1/3 Tasse Monterey Jack Käse
Antihaft-Kochspray

Zubereitung:
Erhitze die Butter bei mittlerer Hitze in einer Kasserolle. Ist die Butter zerlaufen, gib Mehl dazu und rühre alles 1 Minute. Vermische alles mit Milch und rühre erneut, bis es blubbert. Verringere die Hitze und lass es 10 Minuten köcheln. Würze das Ganze mit weißem Pfeffer, Gewürze und Käse. Vermenge alles. Koche die Nudeln nach Packungsanleitung. Heize den Ofen auf 180 Grad vor. Während der letzten Minuten, während der die Nudeln kochen, gib die Broccoli ins Nudelwasser. Lass alles köcheln.

Schütte das Nudelwasser aus. Besprühe den Boden und die Seiten ein er 9 x 13 ofengeeigneten Bratform mit Antihaft-Spray ein.

Vermenge die Pasta und den Broccoli in einer Schüssel mit der Hühnchenbrust und Gemüse. Bedecke alles mit Sauce und stelle die Bratform in den Ofen. Streu den Monterey Jack Käse darauf und lege Folie darauf.

Backe alles 20 Minuten lang, entferne die Folie und backe das Ganze bis der Käse geschmolzen ist.
Kalorien: 320,6
Fette insgesamt: 8,9 g
Cholesterol: 51,8 mg
Natrium: 175,3 mg

Kohlenhydrate insgesamt: 36,1 g
Ballaststoffe: 8,8 g
Proteine: 27,9 g

Mittagessen-Rezept 2
BBQ Hühner Fladenbrot

Dieses Familien-Rezept ist an heißen Sommertagen sehr beliebt und steckt voller Proteine. Wenn du dich nach Pizza sehnst, aber dir trotzdem deine gute Figur bewahren möchtest, ist dies eine gute Alternative.

Zutaten:
2 Fladenbrot
1 rote Zwiebel, geschnitten
1 gelbe und rote Paprika, geschnitten
Prise schwarzer Pfeffer
340 g gehäutete und knochenlose Hühnerbrust
1/4 Tasse Barbecue-Sauce
1 EL Ananassaft
1/4 Tasse gewürfelte Ananas
1/4 Tasse zerhackter Monterey Jack Käse
2 Scheiben gehackter kanadischer Schinken
Zubereitung:
Heiz den Ofen auf 260 Grad vor. Lege die Zwiebel und die Paprika auf eine strapazierfähige Folie und streue etwas Pfeffer darüber. Bedecke beide Seiten der Hühnerbrust mit Kochspray. Lege das Gemüse und das Hühnchen auf den Herd. Brate die Hühnerbrust 4 Minuten pro Seite an. Nimm das Hühnchen und das Gemüse vom Herd und senke die Hitze auf 200 Grad ab. Schneide die Hühnerbrust in mundgerechte Stücke. Gib das

gegrillte Gemüse, die Barbecue-Sauce und den Ananassaft in einen Mixer und vermische alles. Leg das Fladenbrot auf einen Pizzarost. Gib ½ Tasse Sauce auf jede Seite des Fladenbrots und garniere es mit Hühnchen, Käse, Ananas und Schinken. Leg es anschließend in den Backofen. Koche es 10 Minuten lang, bis der Käse geschmolzen ist. Drehe die Hitze ab.

Kalorien: 233,4
Fette insgesamt: 5,1 g
Cholesterol: 61,5 mg
Natrium: 234,2 mg
Kohlenhydrate insgesamt: 21,4 g
Ballaststoffe: 2,9 g
Proteine: 25,8 g

Mittagessen-Rezept 3
Mexikanische Kasserolle

Das ist ein Familienhit! Er ist gesund, würzig und voller Proteine.

Zutaten:
1 Dose fettfreie Champignon-Rahmsuppe
1 Dose fettfreie Hühnchensuppe
2 Dosen Wasser
1 Dose abgetropfte schwarze Bohnen
1 Dose geschälte Tomaten
1 1/2 Tassen Instantreis
1 Packung Tacco-Gewürz
Koriander und Frühlingszwiebel, gewürfelt
1,3 kg gefrorene, knochenlose und gehäutete Hühnerbrust
1 Tasse gehackter Cheddar-Käse

Zubereitung:
Heiz den Ofen auf 180 Grad vor. Besprühe eine Kasserolle mit Kochspray. Vermenge die Suppen, Wasser und das Tacco-Gewürz in einer Schüssel. Gib die Mischung in die Kasserolle. Streue Reis darüber und leg die Hühnerbrust (gefroren) darauf.
Verteile die Bohnen und die Tomaten über das Huhn, genauso wie den Koriander und die Frühlingszwiebel.
Decke alles mit Folie ab und backe das Ganze für 1 Stunde und 40 Minuten. Entferne dann die Folie,

verteile den Käse darüber und backe alles weitere 10 Minuten, bis der Käse schmilzt.

Kalorien: 269,9
Fette insgesamt: 5,1 g
Cholesterol: 79,3 mg
Natrium: 546,4 mg
Kohlenhydrate insgesamt: 19,3 g
Ballaststoffe: 3,8 g
Proteine: 34,4 g

Mittagessen-Rezept 4
Proteinreicher, veganes Chili

Es gibt keinen Grund, weswegen vegane Gericht fad sein müssen. Dieses wunderbare Chilienthält weder Milch- noch Fleischprodukte, aber schmeckt dennoch super.

Zutaten:
4 Dosen Tomaten-Sauce
1 Dose weiße Bohnen
1 gewürfelte Vidalia Zwiebel
1 Packung Semmelbrösel
1 Tafel 72%iger Kakaoschokolade
2 TL Chilipulver
1 TL schwarzer Pfeffer
0,5 TL Zimt
0,5 TL Muskat
Zubereitung:
Erhitze in einer Antihaft beschichteten Pfanne die Semmelbrösel sowie die geschnittene Zwiebel, bis die Zwiebeln weich sind. Vermische dann alle Zutaten in einem Schongarer und koche alles auf höchster Stufe 3 Stunden lang. Drehe dann die Hitze ab, bis du das Gericht servierst.
Kalorien: 348,2
Fette insgesamt: 3,0 g
Cholesterol: 0,0 mg
Natrium: 2.408,5 mg
Kohlenhydrate insgesamt: 44,7 g

Ballaststoffe: 18,6 g
Proteine: 56,9 g

Mittagessen-Rezept 5
Weiße Bohnensuppe

In diesem leichten und einfach zuzubereitenden Mittagsgericht stecken 80 g Proteine. Es ist lecker und kann mit nahezu allem, was du im Kühlschrank findest, zubereitet werden.

Zutaten:
2 gehäutete, knochenlose Hühnerbrüste, in mundgerechte Stücke geschnitten
2 Karotten, geschnitten
7 Stangen Sellerie, geschnitten
1 große Zwiebel, in Scheiben
1/4 Tasse abgetropfte Bohnen
1/4 Tasse abgetropfte Kichererbsen
1/4 Tasse rohe, abgetropfte Perlgraupen
1/4 Tasse rohen, braunen Reis
1/4 Tasse rohen Wildreis (ungekocht)
1/4 Tasse rohen Dinkel
1/4 Tasse rohes Quinoa
Meersalz, Pfeffer & Graupen nach Belieben
Wasser

Zubereitung:
Gieße 2 Tassen Wasser in einen Suppenkochtopf. Gib alle anderen Zutaten dazu und lass alles aufkochen. Füge so viele Wasser hinzu, bis der Kochtopf voll ist. Leg den Deckel darauf, dreh die Hitze ab und lass es gut köcheln. Heb den Deckel an und rühre alles um. Wenn das Wasser verkocht

ist, gib kochendes Wasser dabei, um die Wassermenge konstant zu halten. Verfahre so, bis alle Bohnen gekocht sind. Das sollte 3 Stunden dauern.

Kalorien: 116
Fette insgesamt: 1,9 g
Cholesterol: 21 mg
Natrium: 70 mg
Kohlenhydrate insgesamt: 15 g
Ballaststoffe: 3 g
Proteine: 10,9 g

Mittagessen-Rezept 6
Mexikanischer Thunfisch-Salat

Wenn du in Eile bist und dich dennoch nach einer gesunden Mahlzeit sehnst, dann überleg nicht lange. Dieser wunderbare Salat ist gesund und sehr proteinreich, was dir bei Muskelaufbau hilft.

Zutaten:
1 große Zwiebel, gewürfelt
2 große Tomaten
Bund Koriander
400 g Thunfisch
Saft von einer Limone
Zubereitung:
Würfel die Zwiebel und bedecke sie mit Salz. Lege sie anschließend in Wasser. Lass sie darin 30 Minuten ziehen. Nachdem sie sich mit Wasser vollgesaugt haben, wasche sie mit Leitungswasser ab.

Würfel die Tomaten und den Koriander und vermenge sie mit den Zwiebeln. Gib etwas Limettensaft darauf. Öffne die Dose Thunfisch und lass das Wasser aus. Gib den Thunfisch ebenfalls zu der Mischung. Achte dabei darauf, ihn in mundgerechte Stücke zu zerbröseln. Vermische alle Zutaten gut.
Kalorien: 308,8
Fette insgesamt: 2,5 g

Cholesterol: 60,0 mg
Natrium: 695,3 mg
Kohlenhydrate insgesamt: 18,5 g
Ballaststoffe: 4,3 g
Proteine: 53,7 g

Mittagessen-Rezept 7
Mediterraner Fisch

Verleih deinem Fest einen kleinen, mediterranen Flair und probiere diesen tollen, gebackten Fisch aus. Er wird mit Zutaten zubereitet, die Fett reduzieren, so dass du den Gang ohne Bedenken genießen kannst.

Zutaten:
2 TL Olivenöl
1 große, geschnittene Zwiebel
1 Dose ganze Tomaten, abgetropft und grob gewürfelt
1 Lorbeerblatt
1 zerhackte Knoblauchzehe
3/4 Tasse Apfelsaft
1/2 Tasse Tomatensaft
1/4 Tasse Zitronensaft
1/4 Tasse Orangensaft
1 TL frisch geriebene Orangenschale
1 TL gehackte Fenchelsamen
1/2 TL gehackter, getrockneter Oregano
1/2 TL gehackter, getrockneter Thymian
1/2 TL gehackter, getrockneter Basilikum
Schwarzer Pfeffer nach Belieben
450 g Fischfilets
Zubereitung:
Erhitze das Öl in einer Bratpfanne. Gib Zwiebeln dazu und brate sie an, bis sie glasig werden. Füge

anschließend alle weiteren Zutaten bis auf den Fisch hinzu. Lass alles 30 Minuten ohne Deckel köcheln. Lege den Fisch in eine Backform und gieße die Sauce darüber. Backe alles für 15 Minuten bei 180 Grad, bis der Fisch leicht gebräunt ist.
Kalorien: 225,5
Fette insgesamt: 4,4 g
Cholesterol: 77,5 mg
Natrium: 277,0 mg
Kohlenhydrate insgesamt: 17,3 g
Ballaststoffe: 2,5 g
Proteine: 29,4 g

Mittagessen-Rezept 8
Marokkanisches Hühnchen

Nahezu ohne Fette, ist dieses traditionelle, marokkanische Hühnchen so gesund, dass du es spüren kannst! Es lässt sich ohne große Mühe zubereiten, so dass es ein wahrer Genuss an einem arbeitsreichen Tag ist.

Zutaten:

2 Tassen gewürfelte Karotten
1,5 Tasse getrocknete Linsen
680 g knochenlose, gehäutete Hühnerbrust-Hälften
2 TL gehackter Knoblauch
3/4 TL Salz
3/4 TL Kurkuma
1/2 TL Cayenne
1/2 TL Zimt
4 Tassen fettfreie Hühnerbrühe

Zubereitung:
Gib alle Zutaten in der oben aufgeführten Reihenfolge in einen Schmortopf. Leg den Deckel darauf und lass es 5 Stunden kochen.
Kalorien: 355
Fette insgesamt: 2 g
Cholesterol: 87 mg
Natrium: 763 mg

Kohlenhydrates insgesamt: 32 g
Ballaststoffe: 16 g
Proteine: 49 g

Mittagessen-Rezept 9
Marinierte Hühnerbrust

Dieses Gericht ist bei Kindern sehr beliebt. Ist eine Hühnerbrust mariniert wie diese, kann sie eingefroren werden und wenn dir wieder danach ist, einfach und schnell aufgetaut werden.

Zutaten:

1 Tasse Buttermilch
1 EL Dijon-Senf
1 EL Honig
1 EL frischer Rosmarin
1/2 TL getrockneter Thymian
1/2 TL getrockneter Salbei
1/2 TL getrockneter Majoran
1/2 TL Pfeffer
1 TL Salz
8 knochenlose Hühnerbrüste

Zubereitung:

Vermische die Buttermilch, den Senf, den Honig und die Gewürze. Gib alles in eine Gefriertüte, in der sich die Hühnerbrust befindet. Backe alles bei mittlerer Hitze, bis der Saft klar ist.
Kalorien: 282,8
Fette insgesamt: 3,2 g
Cholesterol: 138,1 mg

Natrium: 521,5 mg
Kohlenhydrate insgesamt: 3,9 g
Ballaststoffe: 0,1 g
Proteine: 55,6 g

Mittagessen-Rezept 10
Salat mit weißen Bohnen und Thunfisch

Das ist eine erfrischende Variante des beliebten Thunfisch-Salats. Wird er mit Gurken und Tomaten zubereitet, ist es ein leichtes Mittagessen, das voller Proteine steckt.

Zutaten:

2 Dosen in Wasser eingelegte Thunfisch-Stücke
1 Dose weiße Bohnen oder Kichererbsen
1 geschnittene rote Paprika
1/4 Tasse geschnittene, rote Zwiebel
1 EL Olivenöl
Saft von 1 Zitrone

Petersilie, Tomaten, Gurke
Zubereitung:

Vermische alles und stelle die Schüssel mindestens 4 Stunden in den Kühlschrank. Serviere das Ganze auf einer Lage grünem Salat und garniere es mit Gurken- und Tomatenscheiben.
Kalorien: 219,1
Fette insgesamt: 4,1 g
Cholesterol: 24,7 mg
Natrium: 421,6 mg

Kohlenhydrates insgesamt: 20,4 g
Ballaststoffe: 6,1 g
Proteine: 27,6 g

Mittagessen-Rezept 11
Puten-Hackbraten

Hackbraten ist ein Gericht, welches von Groß und Klein geliebt wird. Nichtsdestotrotz zeigen wir dir hier eine gesunde Version von Hackbraten, die einfach unwiderstehlich ist.

Zutaten:
900 g Putenhackfleisch
1 Packung Stove Top Stuffing Mix
1 großes Ei
½ Tasse Filterwasser
¼ Tasse Ketchup
Zubereitung:
Heiz den Ofen auf 180 Grad vor. Vermische alle Zutaten, aber lasse eine 1/8 Tasse Ketchup aus. Forme einen Laib und lege ihn in eine Backform. Glasiere ihn mit dem verbleibenden Ketchup und backe ihn bei 180 Grad 45 – 55 Minuten lang.
Kalorien: 220,6
Fette insgesamt: 2,7 g
Cholesterol: 72,1 mg
Natrium: 445,2 mg
Kohlenhydrate: 13,3 g
Ballaststoffe: 0,4 g
Proteine: 28,5 g

Mittagessen-Rezept 12
Einfache Hühner Creole

Dieses traditionelle, südländische Gericht besitzt keine Fette und ist sehr leicht zuzubereiten.

Zutaten:
Antihaft Kochspray
4 mittelgroße Hühnerbrust-Hälften, gehäutet, ohne Knochen und in Streifen geschnitten
1 Dose (400 g) Tomaten
1 Tasse natriumarme Chili-Sauce
1-1/2 Tassen grüne Peperoni
1/2 Tasse gewürfelter Sellerie
1/4 Tasse gewürfelte Zwiebel
2 Zehen gehackter Knoblauch
1 EL frischer Basilikum
1 EL frische Petersilie
1/4 TL gehackte rote Peperoni
1/4 TL Salz

Zubereitung:
Sprühe eine Bratpfanne mit Antihaft Spray ein. Stell den Herd auf höchste Stufe. Koche das Huhn 3- 5 Minuten und wende es dabei immer wieder. Gib Tomaten und Saft, Chili-Sauce, grüne Peperoni, Sellerie und Salz hinzu. Bring alles zum Kochen, drehe dann die Hitze ab und lass es 10 Minuten köcheln. Serviere alles warm zusammen mit Reis oder Nudeln.

Kalorien: 255,4
Fette insgesamt: 4,5 g
Cholesterol: 77,0 mg
Natrium: 652,4 mg
Kohlenhydrate insgesamt: 20,7 g
Ballaststoffe: 4,3 g
Proteine: 33,3 g

KAPITEL 5: MUSKELWACHSTUM FÜR BODYBUILDER: ABENDESSEN-REZEPTE

Abendessen-Rezept 1
Bohnen-Salat

Das ist mehr als nur ein Salat. Er eignet sich hervorragend für Dinner-Partys, da du nicht viel vorbereiten musst.

Zutaten:
6 Scheiben Schinken
3 Dosen Cannellini Bohnen à 440 g, abgetropft
3 EL Apfelcider-Essig
3 TL Olivenöl
3 TL Vollkorn-Senf
Kohlenhydrate
3 EL gewürfelter, frischer Schnittlauch
Zubereitung:
Koche den Schinken bei mittlerer Hitze in einer großen Bratpfanne, bis er braun ist. Zerbrösel ihn, decke ihn zu und stell ihn bei Raumtemperatur zur Seite. Gib die Bohnen, den Essig, das Öl, den Senf und die Gewürze mit je einem ½ TL Salz und Pfeffer dazu. Stelle alles 8 Stunden lang kühl. Bevor du den Salat servierst, garniere ihn mit Schnittlauch und Schinken.
Kalorien: 138
Fette: 7 g

Gesättigte Fettsäuren: 1 g
Cholesterol: 5 mg
Natrium: 416 mg
Proteine: 5 g
Kohlenhydrate: 13 g
Zucker: 0 g
Ballaststoffe: 3 g
Eisen: 1 mg
Calcium: 28 mg

Abendessen-Rezept 2
Puten-Kotelettes mit Paprika und Bohnen

Dieses Rezept ist die Grundlage für ein Abendessen, das deine Familie begeistern wird. Es entschädigt dich für all die Proteine, die du über den Tag hinweg verbraucht hast!

Zutaten:
2 EL Olivenöl
8 Puten-Kotelettes (ca. 680 g), zerstoßen
Kohlenhydrate
2 mitteldicke, geschnittene Paprika
2 große Schalotten, geschnitten
1 440 g Dose Cannellini Bohnen, abgetropft
1/2 Tasse entkernte Kalamata Oliven
1/2 Tasse frische, glatte Petersilienblätter
1 EL Rotwein-Essig

Zubereitung:
Erhitze einen EL Öl bei mittlerer Hitze in einer Bratpfanne. Würze die Pute mit ¼ EL Salz und schwarzer Pfeffer. Arbeite in zwei Schüben, brate die Pute, bis sie durch ist, 1 bis 3 Minuten auf jeder Seite.

Erhitze den EL Öl bei mittlerer Hitze in einer zweiten, großen Bratpfanne. Gib die Paprika, die Schalotten, ½ TL Salz und ¼ TL schwarzer Pfeffer hinzu. Koche das Gemüse etwa 5 bis 7 Minuten, bis es weich ist. Füge dann die Bohnen, Oliven, Petersilie und den Essig in die Bratpfanne und vermenge alles. Serviere die Pute und garniere sie mit der Gemüse-Mischung.

Kalorien: 414
Fette: 20 g
Gesättigte Fettsäuren: 5 g
Cholesterol: 97 mg
Natrium: 755 mg
Proteine: 40 g
Kohlenhydrate: 16 g
Zucker: 2 g
Ballaststoffe: 4 g
Eisen: 3 mg
Calcium: 79 mg

Abendessen-Rezept 3
Steak mit Tomaten

Lass es uns zugeben, wir lieben alle Steaks. Sie sind so lecker, dass sie deine Geschmacksnerven dahin schmelzen lassen.

Zutaten:
Kohlenhydrate
3 EL plus 3 TL Olivenöl
2 Steak-Zuschnitte (2,5 cm dick; ca. 680 g insgesamt)
2 Eimer Strauchtomate
1/4 Tasse frische Oreganoblätter
450 g grüne Bohnen
2 Knoblauchzehen, dünn geschnitten
1/4 bis 1/2 TL gehackte rote Peperoni

Zubereitung:
Bring einen großen Topf voller Salzwasser zum Kochen. Erhitze 2 EL Öl bei mittlerer Hitze in einer Bratpfanne. Würze die Steaks mit ½ TL Salz und ¼ TL schwarzen Pfeffer und koche alles bis zur gewünschten Garstufe. Lass es 5 Minuten ruhen, bevor du es anschneidest.

Leere die Bratpfanne aus und erhitze 1 TL des verbleibenden Öls bei mittlerer Hitze. Füge die Tomaten hinzu sowie je ¼ TL Salz und schwarzer Pfeffer. Koche alles 4 bis 6 Minuten, bis es weich ist. Mische Oregano darunter.

Koche unterdessen die grünen Bohnen 3 bis 4 Minuten, bis sie zart sind und tropfe sie ab. Leere den Topf aus und erhitze den Knoblauch in den restlichen 3 EL Olivenöl bei mittlerer Hitze 1 bis 2 Minuten, bis es gut duftet. Rühre zwischendurch immer wieder um. Gib die Bohnen, ½ TL Salz und ¼ TL schwarzer Pfeffer dazu und vermenge alles. Streu roten Pfeffer darüber und serviere das Ganze mit dem Steak und den Tomaten.

Kalorien:325
Fette: 13 g
Gesättigte Fettsäuren: 4 g
Cholesterol: 74 mg
Natrium: 863 mg
Proteine: 37 g
Kohlenhydrate: 15 g
Zucker: 4 g
Ballaststoffe: 6 g
Eisen: 4 mg
Calcium: 86 mg

Abendessen-Rezept 4
Enchiladas mit Bohnen und Spinat

Verleih deinem Fest einen mexikanischen Geschmack mit diesem sommerlichen Rezept!

Zutaten
440 g schwarze Bohnen
280 g Packung Spinatwürfel
1 Tasse Mais
1/2 TL gemahlener Kreuzkümmel
230 g scharfer Cheddar
Kohlenhydrate
2 x 450 g Jars Salsa
8 x 15 cm Mais-Tortillas, warm
1 mittelgroßer Kopf Romana-Salat
4 Radieschen, geschnitten
1/2 Tasse Strauchtomaten
1/2 Gurke, geschnitten
3 EL frischer Zitronensaft
2 EL Olivenöl
Geschnittene Frühlingszwiebel
Zubereitung:
Zerstoße in einer mittleren Schüssel die Hälfte der Bohnen. Füge Spinat, Mais, Kümmel, 1 Tasse Cheddar, die restlichen Bohnen, ½ TL Salz und ¼ TL Pfeffer dazu und vermische alles.
Verteile 1 Becher Salsa auf den Boden eines Schmortopfs. Teile die Masse auf, gib die Bohnen-Mischung auf die Tortillas und rolle sie. Leg die

Rollen mit dem Saum nach unten in einer Lage in den Schmortopf. Garniere sie mit dem verbleibenden Salsa und Cheddar.

Leg den Deckel darauf und koche alles bei schwacher Hitze 2 1/2 bis 3 Stunden, bis es durch ist.

Gib vor dem Servieren den Salat, die Radieschen, die Tomaten und die Gurke in eine große Schüssel mit dem Zitronensaft, dem Öl und je ½ TL Salz und Pfeffer. Serviere das Ganze mit Enchiladas und streue Frühlingszwiebel darauf.

Kalorien: 576

Fette: 28 g

Gesättigte Fettsäuren: 11 g

Cholesterol: 61 mg

Natrium: 2.457 mg

Proteine: 28 g

Kohlenhydrate: 60 g

Zucker: 10 g

Ballaststoffe: 12 g

Eisen: 4 mg

Calcium: 621 mg

Abendessen-Rezept 5
Spanische Omelette mit Kartoffeln und Chorizo

Diese wundervolle Omelette kann dein Frühstück oder Abendessen sein. Ganz egal, es steckt voller Nährstoffe und gutem Geschmack!

Zutaten:
3 EL natives Olivenöl
1 große gelbe Zwiebel
56 cm große spanische Wurst, halbmondförmig geschnitten
340 g rote Kartoffeln
Koscheres Salz und Pfeffer
3/4 Tasse Petersilie, gehackt
Eischnee von 10 großen Eiern
1 Tasse geriebener Cheddar
1 kleiner, grüner Blattsalat
1/2 kleine rote Zwiebel, dünn geschnitten

Zubereitung:
Heiz den Ofen auf 200 Grad vor. Erhitze 1 EL Öl bei mittlerer Hitze in einer großen Bratpfanne . Gib die gelbe Zwiebel dazu und koche alles 5 Minuten. Wirf die Chorizo, die Kartoffeln und je ½ TL Salz und Pfeffer dazu, koche das Ganze mit geschlossenem Deckel 10 Minuten, bis die Kartoffeln zart sind. Rühre alles gelegentlich um. Gib die Petersilie dazu sowie den Eischnee. Rühre gut um, damit alle Zutaten durchmengt sind. Streue Käse darüber und stelle es in den Ofen.

Backe die Omelette ca. 15 Minuten, bis sie an allen Rändern gut gebräunt ist und das Messer beim Durchstechen sauber bleibt.
Teile den Salat und die rote Zwiebel zwischen den Tellern auf und tröpfel das restliche Öl darauf.
Schneide die Omelette in große Stücke und serviere es mit dem Salat.

Proteine: 29 g
Kohlenhydrate: 23 g
Zucker: 5 g
Ballaststoffe: 4 g
Fette: 37 g
Gesättigte Fettsäuren: 12 g
Natrium: 804 mg
Cholesterol: 572 mg

Abendessen-Rezept 6
Geschmortes Corned Beef und Kohl

Wenn du eine große Familie hast, wird dieses Rezept sie zufrieden stimmen. Dieses Rezept stammt von meiner Großmutter aus dem Balkan.

Zutaten:
4 frische Thymianzweige
1 TL Kümmelsamen
1 1,4 kg Stück Corned Beef Bruststück
450 g Karotten, quer in der Hälfte geschnitten
1/2 kleiner grüner Kohl
450 g kleine, rote Kartoffeln
Senf

Zubereitung:
Vermenge den Thymian, die Kümmelsamen und das Rindfleisch (halbiert, wenn nötig) mit den Gewürzen, den Karotten, dem Kohl, den Kartoffeln und ½ Tasse Wasser in einem Garschmorer. Lass alles mit Deckel 7 bis 8 Stunden auf niedrigster Stufe oder aber 4 bis 5 Stunden auf höchster Stufe (das verkürzt die Zubereitungszeit) kochen, bis das Rindfleisch zart ist.

Leg das Rindfleisch auf ein Schneidebrett und schneide es in dünne Scheiben.

Serviere alles warm mit Karotten, Kohl, Kartoffeln und Senf. Garniere es außerdem mit einigen frischen Thymian-Zweigen.

Kalorien: 676

Fette: 39 g
Gesättigte Fettsäuren: 13 g
Cholesterol: 197 mg
Natrium: 2393 mg
Proteine :42 g
Kohlenhydrate: 39 g
Zucker: 11 g
Ballaststoffe: 9 g
Eisen: 6 mg
Calcium: 151 mg

Abendessen-Rezept 7
Garnelen Risotto

Reis und Garnelen, das klingt lecker. Es gibt verschiedene Varianten, aber diese hier ist die gesündeste!

Zutaten:
4 EL ungesalzene Butter
1 kleine Fenchel (Knolle), gewürfelt, plus 2 EL Fenchel-Wedel, grob gewürfelt
1 kleine Zwiebel, gewürfelt
2 Tassen Reis
3/4 Tasse trockener Weißwein
Kohlenhydrate
8 Tassen natriumarme Hühnerbrühe, erwärmt
450 g geschälte und entdarmte Garnelen
15 g Parmesan

Zubereitung:
Schmelze 2 EL Butter bei mittlerer Hitze in einem großen Topf oder in einem Schmortopf. Gib den Fenchel und die Zwiebel dazu. Koche alles 8 bis 12 Minuten, bis die Zutaten weich sind. Füge dann den Reis dazu und rühre alles gut um. Würze mit dem Wein, ¾ TL Salz und ¼ TL Pfeffer. Koche alles 1 bis 2 Minuten, bis der Wein verdampft ist. Schütte dann 1 Tasse der Brühe dazu und lasse alles 20 bis 25 Minuten köcheln, bis der Reis zart ist. Rühre dabei gelegentlich um.

Gib die Garnelen dazu und koche sie 4 Minuten, bis sie gebräunt sind. Dreh die Hitze ab und rühre den Parmesan sowie die verbleibenden 2 EL Butter ein.

Serviere das Risotto warm und garniere es mit den Fenchel-Wedeln.

Kalorien: 440
Fette: 12 g
Gesättigte Fettsäuren: 7 g
Cholesterol: 144 mg
Natrium: 705 mg
Proteine: 26 g
Kohlenhydrate: 56 g
Zucker: 2 g
Ballaststoffe: 4 g
Eisen: 2 mg
Calcium: 150 mg

Abendessen-Rezept 8
Leichtes Hühnchen mit Ziegenkäse

Viele Menschen mögen den Geschmack von Ziegenkäse nicht. Dieses Rezept richtet sich an diese Menschen – bereite dieses Rezept für deine zweifelnden Freunde zu und es wird eines ihrer Lieblingsgerichte werden!

Zutaten:
1 Tasse Gersten
1/3 Tasse plus 1 TL Olivenöl
1/4 Tasse gewürfelte, frische, glatte Petersilie
1/4 TL gehackte, rote Paprika
55 g Ziegenkäse
4 x 170 g knochenlose, gehäutete Hühnerbrust
Kohlenhydrate
Zubereitung:
Bereite die Gerste nach Packungsanleitung zu. Vermische unterdessen ⅓ Tasse Olivenöl, Petersilie und die gehackte, rote Paprika in einer kleinen Schüssel. Hebe den Ziegenkäse anschließend unter die Mischung.
Würze das Hühnchen mit ½ TL Salz und ¼ TL Pfeffer. Erhitze in einer großen Bratpfanne den verbleibenden TL Olivenöl bei mittlerer Hitze. Arbeite nun in mehreren Schüben und brate die einzelnen Hühnchenstücke je Seite 2 bis 3 Minuten an, bis sie durch sind. Serviere das

Fleisch mit der Gerste und der Ziegenkäse-Vinaigrette.
Kalorien von Fetten: 269
Fette: 30 g
Gesättigte Fettsäuren: 7 g
Cholesterol: 105 mg
Natrium: 400 mg
Proteine: 44 g
Kohlenhydrate: 36 g
Zucker: 2 g
Ballaststoffe: 2 g
Eisen: 3 mg
Calcium: 73 mg

Abendessen-Rezept 9
Kürbis Lasagne

Es gibt verschiedene Arten um einen Kürbis zuzubereiten, aber hast du jemals versucht, eine Lasagne damit zu machen? Das ist deine Chance um dich in diese wunderbare, vegetarische Lasagne zu verlieben.

Zutaten:
2 290 -340 g Packungen gefrorenes Winterkürbis-Püree, aufgetaut
1/8 TL gemahlene Nussmischung
1 900 g Packung Ricotta
1 140 g Packung Babyspinat
Koscheres Salz und schwarzer Pfeffer
12 Lasagneblätter
230 g Mozzarella
Grüner Salat, zum Garnieren
Zubereitung:
Vermenge in einer Schüssel den Kürbis und die Nussmischung. Gib in eine zweite Schüssel den Ricotta, den Spinat, ½ TL Salz und ¼ TL Pfeffer und rühre alles um.
Verstreiche auf dem Boden eines Schongarers die Kürbis-Mischung. Lege 3 Lasagneblätter darauf, anschließend die Hälfte der Kürbis-Mischung, 3 Lasagneblätter und die Hälfte der Ricotta-Mischung. Wiederhole das Ganze, bis alles aufgebraucht ist. Achte darauf mit der Ricotta-

Mischung zu enden. Streue Mozzarella darüber. Koche das Ganze 3 bis 4 Stunden mit einem Deckel auf niedriger Stufe, bis die Nudeln weich sind.

Serviere die Lasagne mit grünem Salat.

Kalorien: 571

Fette: 29 g

Gesättigte Fettsäuren: 18 g

Cholesterol: 107 mg

Natrium: 564 mg

Proteine: 32 g

Kohlenhydrate: 47 g

Zucker: 2 g

Ballaststoffe: 6 g

Eisen: 3 mg

Calcium: 543 mg

Abendessen-Rezept 10
Double-Beef Chili

Auch wenn es sich nach einem absoluten Männer-Gericht anhört, ist es ganz lecker und voller Nährstoffe!

Zutaten:
2 EL Olivenöl
1 große, weiße Zwiebeln, gewürfelt
4 Knoblauchzehen, gewürfelt
Koscheres Salz und schwarzer Pfeffer
450 g Rinderhackfleisch
1 TL Chilipulver
1 bis 3 TL gewürfelte Chipotles in Adobo-Sauce
1x 340 g Rinderbrühe
1 x 800 g geschälte Tomaten
1 440 g Kidneybohnen
Maisbrot, Sour Cream, Koriander und eingelegte Jalapeños, zum Garnieren

Zubereitung:
Erhitze das Öl bei mittlerer Hitze in einem großen Kochtopf. Gib die Zwiebel, den Knoblauch und je ½ TL Salz und Pfeffer dazu. Koche alles 6 bis 8 Minuten, bis es weich ist. Rühre gelegentlich um. Gib das Rindfleisch dazu und brate es 4 bis 5 Minuten an, bis es nicht mehr pink ist. Teile es dabei mit einem Löffel in kleine Stücke. Gib das Chilipulver und die Chipotles in den Kochtopf, koche alles 1 Minute und rühre gut um. Gieße die

Brühe dazu und lass alles erneut 6 bis 8 Minuten kochen, bis sich die Menge halbiert hat. Gib die Tomaten (zusammen mit ihrem Saft), die Bohnen und je ¼ TL Salz und Pfeffer in den Topf. Lass alles 20 bis 25 Minuten köcheln, bis es eingedickt ist. Serviere das Chili mit Maisbrot, Sour Cream, Koriander und eingelegten Jalapeños.

Kalorien: 431
Fette: 21 g
Gesättigte Fettsäuren: 6 g
Cholesterol: 67 mg
Natrium: 956 mg
Proteine: 27 g
Kohlenhydrate: 26 g
Zucker: 9 g
Ballaststoffe: 6 g
Eisen: 5 mg
Calcium: 78 mg

Abendessen-Rezept 11
Lamm Hackfleischbällchen und Swiss Stew

Verleih deinem Fest mit diesem köstlichen Hackfleisch-Rezept einen europäischen Touch. Lamm ist zart und saftig, es wird dir auf der Zunge zergehen!

Zutaten:
2 große Eier, leicht geschlagen
2 Knoblauchzehen, fein gewürfelt
3/4 Tasse Brotkrümel
1 TL süße Paprika
3/4 TL Kümmelsamen, gehackt
Koscheres Salz und schwarzer Pfeffer
450 g Lamm
2 EL Olivenöl
1 großer Bund Mangoldgemüse (insgesamt ca. 310 g), Stamm gewürfelt und Blätter geschnitten
6 Tassen natriumarme Hühnerbrühe
1/2 Tasse Gerste
Naturjoghurt, als Beilage
Zubereitung:
Vermenge die Eier, den Knoblauch, die Brotkrümel, Paprika, Kümmel, 1¼ TL Salz und ¼ TL Pfeffer in einer mittelgroßen Schüssel. Leg das Lamm dazu und vermische alles mit deinen Händen. Forme daraus nun 18 Hackbällchen (ca. 2 EL groß).

Erhitze das Öl in einem großen Topf bei mittlerer Hitze. Brate die Hackbällchen 4 bis 6 Minuten darin an, wende sie von Zeit zu Zeit, bis sie von allen Seiten braun sind. Leg die Bällchen auf eine Platte und verwende den Topf erneut.

Brate darin nun die Mangold-Stengel 2 bis 3 Minuten an, bis sie knusprig-zart sind. Gib die Hühnerbrühe und die Hackbällchen dazu und bring alles zum Kochen. Drehe die Hitze ab und lass es 10 bis 12 Minuten köcheln, bis die Hackbällchen durch sind. Misch die Gerste dabei, lass es wieder 8 bis 11 Minuten köcheln, bis sie weich ist.

Hebe kurz vor dem Servieren die Mangold-Blätter unter. Serviere das Ganze war mit einem Klecks Joghurt, wenn du möchtest.

Kalorien: 365
Fette: 19 g
Gesättigte Fettsäuren: 6 g
Cholesterol: 131 mg
Natrium: 630 mg
Proteine: 25 g
Kohlenhydrate: 25 g
Zucker: 3 g
Ballaststoffe: 3 g
Eisen: 3 mg
Calcium: 104 mg

Abendessen-Rezept12
Burger mit Rindfleisch und Ei

Das ist eine gesunde Abwandlung eines klassischen Burgers. Er gehört zu den Lieblingen von Kindern.

Zutaten:
2 TL Canola Öl, plus noch etwas mehr für das Rost
550 g Rinderhackfleisch
4 Scheiben Pute, gewürfelt
Koscheres Salz und schwarzer Pfeffer
4 English Muffins, halbiert
4 große Eier
1 große Tomate, geschnitten

Zubereitung:
Heize den Grill bei mittlerer Hitze vor. Reinige, sobald er heiß ist, den Grillrost mit einer Bürste und öle ihn ein. Vermische anschließend das Rindfleisch, die Pute sowie je ½ TL Salz und Pfeffer mit deinen Händen in einer mittelgroßen Schüssel. Forme daraus 2 cm große Frikadellen. Erzeuge auf der Oberfläche einer jeden Frikadelle mit deinen Fingern ein Wellenmuster (das verhindert ein Durchrutschen der Frikadellen beim Grillen).
Grille die Burger 4 Minuten pro Seite bei mittlerer Flamme, bis das Fleischthermometer in der Mitte einer Frikadelle eine Temperatur von 60°C misst. Grille anschließend die Muffins auf der angeschnittenen Seite 10 bis 20 Sekunden. Erhitze

das Öl in einer Antihaft beschichtete Pfanne auf der Herdplatte bei mittlerer Hitze. Schlag die Eier hinein und brate sie bei geschlossenem Deckel 2 bis 3 Minuten, bis der Eidotter leicht zerlaufen ist. Würze die Eier mit je einem ¼ TL Salz und Pfeffer. Stapel die Tomate, die Burger und die Eier zwischen die Muffins.

Für ein Maximum an Sicherheit empfiehlt das U.S. Department of Agriculture: 75° C für Geflügel, 62° C für Fisch und 71° C für Hackfleisch, Lamm und Pute.

Kalorien: 558
Fette: 31 g
Gesättigte Fettsäuren: 10 g
Cholesterol: 302 mg
Natrium: 940 mg
Proteine 40 g
Kohlenhydrate: 28 g
Zucker: 3 g
Ballaststoffe: 2 g
Eisen: 6 mg
Calcium: 226 mg

KAPITEL 6: MUSKELWACHSTUM FÜR BODYBUILDER: DESSERT-REZEPTE

Dessert-Rezept 1
Himbeer Muffin

Dieser wunderbare Muffin kann mit einer Frucht deiner Wahl zubereitet werden, aber Himbeeren sind einfach etwas Besonderes!

Zutaten:
1 Tasse Haferflocken
1 TL Zimt
1/2 TL Salz
1/2 TL Backpulver
3/4 Tasse fettarmer Hüttenkäse
1 Ei
1/4 Tasse Mandelmilch
2/3 Tasse Himbeeren
2-3 Datteln

Zubereitung:
Heiz den Backofen auf 180 °C. Vermenge alle Zutaten bis auf die Himbeeren. Entferne aber zuerst die Lerne von den Datteln. Gib die Himbeeren dazu und rühre alles um. Verteile den Teig dann auf Silikon-Muffinformen oder auf Papierförmchen mit bunten Motiven.
Stell sie anschließend in den Ofen und backe sie 30 bis 35 Minuten, bis sie leicht gebräunt sind.

Wenn die Spitzen der Muffins aufbrechen, mach dir keine Sorgen, sie wachsen beim Erkalten wieder zusammen.
Kalorien: 90
Proteine: 8g
Kohlenhydrate: 10g
Fette: 2g
Ballaststoffe: 1,5g

Dessert-Rezept 2
Kuchenteig-Mousse

Das ist das perfekte Beispiel für etwas, das normalerweise für Torten verwendet wird, aber auch für sich genommen süß ist! Genieß es!

Zutaten:
57 g Griechischer Joghurt
1 TL ungesüßtes Kakao-Pulver
0,5 Tasse Mandelmilch
20 g Haferflocken
Mandeln & Beeren
Zubereitung:
Vermische den Joghurt, das Protein-Pulver sowie das Kakao-Pulver und die Mandelmilch in einem Mixer (wenn du keinen Mixer hast, kannst du das auch per Hand machen, dies erfordert jedoch etwas Geschick mit dem Schneebesen). Rühre die Haferflocken unter. Lass den Teig zugedeckt über Nacht im Kühlschrank stehen.
Verteile Mandeln und Beeren auf die Tortenteig-Mousse, bevor du sie genießt.
Kalorien: 260
Fette: 9 g
Kohlenhydrates: 28 g
Proteine: 25 g

Dessert-Rezept 3
Bananen Muffins

Bananen sind großartige Energielieferanten, daher kann dieser Muffin dir dein Frühstück ersetzen, wenn du einen morgendlichen Zucker-Schub brauchst.

Zutaten:
1 große reife Banane
¾ Tasse Eiweiß
¾ Tasse Vollkorn-Mehl
½ Tasse Griechischer Joghurt(Natur)
1 TL Backsoda
1 TL Backpulver
½ TL Zimt
Optional: Walnüsse, Schokotropfen, etc.
Zubereitung:
Heize den Backofen auf 180°C vor. Gib alle Zutaten in eine Küchenmaschine und mixe alles, bis die Mischung geschmeidig ist. Sprühe eine Muffinform mit Antihaft-Kochspray ein. Gib in jede Muffinform etwa ⅓ Tasse Teig. Backe die Muffins 11-13 Minuten oder bis ein Zahnstocher beim Hineinstechen sauber bleibt.
Fette insgesamt: 4g
Gesättigte Fettsäuren: 1g
Cholesterol: weniger als 5mg
Natrium: 180mg
Kalium: 220mg

Kohlenhydrate: 11g
Ballaststoffe: 2g
Zucker: 3g
Proteine: 8g

Dessert-Rezept 4
Zimt-Rosinen-Kugeln

Rosinen-Schnecken sind sehr mühsam, wenn du nicht weißt, wie du sie zubereiten kannst. Das folgende Rezept zeigt dir, wie es geht.

Zutaten:
1 Tasse Mandeln
1 Tasse Rosinen
1 TL Zimt
Zubereitung:
Spüle die Rosinen und die Mandeln mit etwas Wasser ab. Gib sie zusammen mit dem Zimt in eine Küchenmaschine. Wenn sie ausreichend durchmischt sind, forme Kugeln oder Riegeln daraus.
Kalorien: 220,3
Fette insgesamt: 12,1 g
Cholesterol: 0,0 mg
Natrium: 3,6 mg
Kohlenhydrate insgesamt: 26,7 g
Ballaststoffe: 4,0 g
Proteine: 5,9 g

Dessert-Rezept 5
Frucht-Ei mit Crepes

Farbenfroh und leicht zu machen – du wirst dieses festliche Variante von Crepes lieben!

Zutaten:
Crepe:
1 Eiweiß (oder Eiersatz)
1 TL Milch
1 Packung Süßungsmittel deiner Wahl, oder Honig
Garnierung:
1/2 Tasse gefrorene Früchte
1 Packung Süßungsmittel
Zubereitung:
Crepe:
Stelle eine kleine Bratpfanne bei mittlerer/hoher Hitze auf. Besprühe sie mit Butterspray (oder etwas anderem um sie einzuölen). Mische das Eiweiß, das Süßungsmittel und die Milch gut. Gieße die Eier-Mischung nun in die Pfanne und lass sie erhärten. Falte den Crepe anschließend in der Mitte (wie eine Omelette) und brate ihn an, bis er leicht gebräunt ist.
Früchte-Garnierung:
Gib das Süßungsmittel über die Früchte. Stell sie 1 Minute in die Mikrowelle, damit eine Sauce entsteht.

Kalorien: 66,9
Fette insgesamt: 0,4 g
Cholesterol: 0,3 mg
Natrium: 9,7 mg
Kohlenhydrate insgesamt: 12,0 g
Ballaststoffe: 2,9 g
Proteine: 4,2 g

Dessert-Rezept 6
Erdnussbutter-Creme mit Schokolade

Deine Kinder werden dieses Rezept lieben! Schokolade und Erdnussbutter schmecken großartig zusammen, vor allem wenn du einen Energieschub benötigst.

Zutaten:
2 Fudgsicles
4 EL Schlagsahne
2 EL Erdnussbutter
Zubereitung:
Schmelze zwei Fudgsicle in der Mikrowelle. Gib 2 EL Erdnussbutter dazu und vermenge alles in einem Mixer. Gib anschließend 4 EL Schlagsahne dazu. Vermische wieder alles, bis der Teig geschmeidig ist. Stell ihn anschließend 15 Minuten ins Gefrierfach.
Kalorien: 139,9
Fette insgesamt: 9,4 g
Cholesterol: 0,0 mg
Natrium: 104,7 mg
Kohlenhydrate insgesamt: 12.6 g
Ballaststoffe: 2,9 g
Proteine: 6,0 g

Dessert-Rezept 7
Mousse au Schokolade

Schokolade wird oft als „Fettmacher" verunglimpft, aber seine Zutat, der Kakao, ist sehr nährstoffreich und kalorienarm.

Zutaten:
175g Griechischer Joghurt
10g Schlagsahne
2g Kakaopulver
1/2 reife Banane oder Süßungsmittel deiner Wahl
1TL Vanilleextrakt
Eine Prise Meersalz
Zubereitung:
Vermische alles in einem Mixer. Für eine weniger, samtige Konsistenz, verwenden einfach einen Schneebesen. Dieses Dessert kann in 2 Minuten zubereitet werden.
Kalorien: 250
Proteine 18g
Kohlenhydrate: 41g
Fette; 5g

Dessert-Rezept 8
Sesam-Banane-Pfannkuchen

Was Pfannkuchen angeht, gibt es einige Zutaten, die nicht verwendet werden sollten. Hier kommt eine wundervolle Variante mit Bananen und Sesam.

Zutaten:
Für den Teig
1 geschälte, reife Banane
1/2 Tasse fettfreie Milch
2 EL Zucker
2 EL Vollkorn-Mehl
2 EL Mehl

Andere Zutaten:
1 TL Öl zum Einreiben
4 TL Sesamsamen

Zum Garnieren:
4 TL Honig

Zubereitung:
Für den Teig:

Püriere die Banane und gib Milch und Zucker dazu. Verrühre alles in einem Mixer, bis der Teig zart und geschmeidig ist. Überführe alles in eine Schüssel und stell sie beiseite.

Gib das Vollkorn-Mehl und das Mehl dazu und rühre gut um, bis der Teig frei von Klumpen ist. Stell sie beiseite.

Erhitze eine Antihaft beschichtete Pfanne und reibe sie mit Öl ein. Gib 2 EL Teig darauf und verteile ihn, um einen Pfannkuchen zu formen. Streue 1 TL Sesamsamen darauf und backe den Pfannkuchen auf beiden Seiten, bis er gut ist. Backe mit dem restlichen Teig noch drei weitere Pfannkuchen und serviere sie anschließend mit Honig.

Kohlenhydrate: 23 mg
Cholesterol: 0 mg
Kalorien: 144
Fette: 4,2 mg
Ballaststoffe: 0,6 mg
Proteine: 3,2 mg

Dessert-Rezept 9
Vanille-Waffeln

Dein Lieblings-Waffelrezept mit einer leichten Vanille-Note. Der Liebling deiner Gäste und leicht zu machen!

Zutaten:
Für 4 Waffeln:
4 Eier
15 g Kokosöl
25 g Kokosmehl
20 g Pfeilwurz
1 TL Vanilleextrakt
1/2 TL Backpulver
Zubereitung:
Vermenge alle Zutaten und backe sie in einem Waffeleisen.
Kalorien: 128
Proteine: 7,1 g
Kohlenhydrates: 5,3 g
Zucker: 0,5 g
Fette: 8,7 g
Ballaststoffe: 2,5 g

Dessert-Rezept 10
Lupinen-Muffins

Wenn dies das erste Mal ist, dass du Lupinenmehl verwendest, wirst du überrascht sein, welchen Unterschied es macht! Es ist gesund und schmeckt gut.

Zutaten:
Für 4 Muffins:
1 Banane (100 g Fleisch der Banane)
1 Ei
2 Packungen Vanillezucker (à 16 g) oder ein Süßungsmittel deiner Wahl
25 g Kokosöl
45 g Lupinenmehl
20 g Pfeilwurz
1 TL Backpulver
30 g Raspelschokolade

Zubereitung:
Gib die Banane, das Ei und den Vanillezucker in einen Mixer. Schmelze das Kokosöl und rühre es unter die Mischung. Arbeite in den Teig das Lupinenmehl, Pfeilwurz und Backpulver. Rühre mit einem Schneebesen die Raspelschokolade unter. Backe alles bei 200°C, bis die Muffins fest sind.

Kalorien: 200
Proteine: 7,1g
Kohlenhydrate: 16,5g
Zucker: 7,8g

Fette: 11,6g
Ballaststoffe: 5,4g

Dessert-Rezept 11
Verrückte Brownies

Saure und süße Brownies? Warum nicht! Das ist eine seltsame, aber dennoch leckere Abwandlung des traditionellen Brownie-Rezepts.

Zutaten:
1 Dose (425 g) schwarze Bohnen
3 Eier
1/3 Tasse geschmolzene Butter, plus etwas mehr zum Einreiben der Pfanne
1/4 Tasse Kakaopulver
1 Prise Salz
2 TL Vanilleextrakt
1/2 Tasse Rohrzucker
1/2 Tasse halbsüße Raspelschokolade
Optional: 1/3 Tasse Walnüsse oder andere Nüsse deiner Wahl
Zubereitung:
Heiz den Backofen auf 180 °C vor. Fette eine Backform ein. Vermische die schwarzen Bohnen, die Eier, das Kakaopulver, Salz, Vanilleextrakt und den Zucker in einer Küchenmaschine oder in einem Mixer. Rühre vorsichtig die Raspelschokolade ein (und Nüsse, wenn gewünscht). Verteile den Teig in der eingefetteten Backform und backe ihn 30 bis 35 Minuten bei 180 Grad, bis die Mitte goldbraun ist. Lass den

Kuchen auskühlen, bevor du ihn in Rechtecke schneidest.
Kalorien: 160
Fette insgesamt: 9g
Cholesterol: 50mg
Natrium: 35mg
Kohlenhydrate: 17g
Ballaststoffe: 2g
Proteine: 4g
Zucker: 12g

Dessert-Rezept 12
Rohe Schokoladen-Küchlein

Datteln und Schokolade in einem Dessert bereiten wahre Wunder! Das ist ein klassisches und köstliches Dessert!

Zutaten:
1 Tasse rohe Mandeln
1 Tasse entkernte Datteln
1/3 Tasse rohe Walnüsse
1/3 Tasse Kakaopulver
1/8 TL Salz
1 EL Wasser
Zubereitung:
Verrühre 2 gefrorene, überreife Bananen mit 2 EL Kakaopulver ¼ TL Vanilleextrakt und optional 2 EL Kokosnussbutter oder Avocado.
Vermenge die Nüsse, Datteln, 1/3 Tasse Kakao und Salz in einer Küchenmaschine, bis feine Krümel entstehen. Füge dem Ganzen nicht mehr als 2 EL Wasser hinzu, damit ein klebriger Teig entsteht. Vermenge anschließend wieder alles in der Küchenmaschine, bis ein großer Klumpen entsteht. Wenn dieser noch nicht klebrig genug ist, verrühre ihn einfach weiter in der Küchenmaschine. Breche Stücke mit deiner Hand heraus, rolle sie flach aus und steche mit einer Muffinform Kreise heraus. Friere sie mindestens

20 Minuten ein oder bis du die Küchlein servierst. Schlag die Sahne erst kurz vor dem Servieren.

Kalorien: 84
Fette insgesamt: 5,5g
Natrium: 20mg
Kohlenhydrate: 8,7g
Proteine: 2,7g

Dessert-Rezept 13
Nuss-Frucht-Joghurt

Dieser köstliche Joghurt kann dein Frühstück ersetzen und ist sehr gesund. Er wird dich bis zum Mittagesse sättigen!

Zutaten:
3 EL gehackte Nussmischung
1 EL Sonnenblumenkerne
1 EL Kürbiskerne
1 geschnittene Banane
1-2 Hände voll Joghurt
200 g Vanille-Joghurt
Zubereitung:
Vermenge die Nüsse, die Sonnenblumen- und die Kürbiskerne. Gib die geschnittene Banane und die Beeren dazu. Schichte das Ganze in einer Schüssel auf und verteil eine Schicht Joghurt darauf. Guten Appetit!
Kalorien: 69
Proteine: 28g
Kohlenhydrate: 53.g
Fette: 41g
Ballaststoffe: 6g
Zucker: 45g

Dessert-Rezept 14
Zitronenkuchen

Ein sommerlicher Zitronenkuchen ist der perfekte Geburtstagskuchen, wenn du mich fragst.

Zutaten:
225g ungesalzene Butter, weich
225g brauner Zucker
4 Eier
fein gerieben Schale von 1 Zitrone
225g Mehl mit Backpulverzusatz
Zuckerglasur
Saft von 1½ Zitrone
85g feiner Streuzucker

Zubereitung:
Heize den Ofen auf 180°C vor. Verrühre 225 g weiche Butter und 225 g feinen Streuzucker, bis ein weißer und cremiger Teig entsteht. Gib anschließend gleichzeitig 4 Eier dazu. Siebe 225 g Mehl in die Schüssel, rühre dann die Zitronenschale unter. Lege eine Brotbackform mit Backpapier aus und verteile dann den Teig darin. Backe den Kuchen 45-50 Minuten, bis ein Spieß, den du in die Mitte des Kuchens stichst, sauber herauskommt. Während der Kuchen in der Form auskühlt, vermenge den Saft von 1,5 Zitrone und 85 g feiner Streuzucker um die Zuckerglasur herzustellen. Steche mit einem Spieß oder einer Gabel überall in den Kuchen, verstreiche

anschließend die Zuckerglasur darüber – der Saft wird in den Kuchen einsickern und der Zucker wird eine hübsche, knusprige Glasur bilden. Lass den Kuchen in der Form, bis er vollständig ausgekühlt ist, nimm ihn dann heraus und serviere ihn. In einer Frischhaltedose lässt sich der Kuchen 3-4 Tage aufheben oder aber du frierst in bis zu einem Monat ein.

Kalorien: 399
Proteine: 5g
Kohlenhydrate: 50g
Fette: 21g
Ballaststoffe: 1g
Zucker: 33g
Salz: 0,3g

Dessert-Rezept 15
Dekadente Brownies

Dieses Dessert eignet sich auch als Highlight zum Valentinstag. Diese Brownies sind dekadent und absolut köstlich!

Zutaten:
140g gemahlene Mandeln
140g Butter, weich
140g brauner Sandzucker
140g Mehl mit Backpulverzusatz
2 Eier
1 TL Vanilleextrakt
250g Himbeeren
2 EL flockige Mandeln
Puderzucker, um Garnieren

Zubereitung:
Heize den Ofen auf 180°C und fette eine im Durchmesser 20 cm breite Backform ein. Vermenge die gemahlene Mandeln, Butter, Zucker, Mehl, Eier und Vanilleextrakt in einer Küchenmaschine, bis alles gut durchmischt ist. Verteile die Hälfte der Mischung in die Backform und ebne die Oberfläche. Streue die Himbeeren darüber und gib dann den restlichen Teig darüber - verteile ihn am besten mit deinen Fingern, das geht womöglich einfacher. Streue die Mandeln darauf und backe die Brownies 50 Minuten lang, bis sie golden sind. Lass sie auskühlen, nimm sie

aus der Form und bestäube sie vor dem Servieren mit Puderzucker.

Kalorien: 411
Proteine: 8g
Kohlenhydrate: 35g
Fette: 28g
Ballaststoffe: 3g
Zucker: 21g
Salz: 0,5g

KAPITEL 7: PROTEINREICHE SHAKES FÜR EIN BESCHLEUNIGTES MUSKELWACHSTUM

1. Hafer & Mandel Shake

Zubereitungszeit: 5 Minuten
Portionen: 3

1. *Zutaten:*

220ml Milch
1 TL Mandeln (gemahlen) (15g)
1 TL Haferflocken (15g)
1 TL Ahornsirup(5g)
½ TL Vanilleextrakt(2-3g)
2 TL Griechischer Joghurt (30g)
30g Molkenproteine

2. *Zubereitung:*

Gib alle Zutaten in einen Mixer und verrühre sie, bis die Mischung geschmeidig ist.

3. *Nährwertangabe(Angabe pro 100ml/Shake):*

Enthält Calcium, Eisen;

Kalorien: 111	Fette insgesamt: 3,2g
Kalorien von Fetten: 29	Gesättigte Fettsäuren: 0,7g

Cholesterol: 21mg
Natrium: 58mg
Kalium: 182mg
Kohlenhydrate
   insgesamt: 9,3g
   Ballaststoffe: 0,8g
   Zucker: 5.1g
Proteine: 11.1g
Kalorien: 333
   Kalorien von
   Fetten: 86

Fette insgesamt: 9,5g
   Gesättigte
   Fettsäuren: 2.1g
Cholesterol: 64mg
Natrium: 175mg
Kalium: 547mg
Kohlenhydrate
   insgesamt: 27,9g
   Ballaststoffe: 2,6g
   Zucker: 15,3g
Proteine: 33,5g

2. Pfefferminz-Haferflocken- Shake

Zubereitungszeit: 5 Minuten
Portionen: 5

1. Zutaten:

70g Haferflocken
30g Kleie
300ml Milch
50g Quark
½ TL Pfefferminzextrakt (3g)
30g Eis (Vanille/Schokolade)
50g Molkenproteine (Schokolade)

2. Zubereitung:

Gib alle Zutaten in einen Mixer und verrühre sie, bis die Mischung geschmeidig ist.

3. Nährwertangabe(Angabe pro 100ml/Shake):

Enthält Vitamin A, Calcium, Eisen.

Kalorien: 180
　Kalorien von
　Fetten: 51
Fette insgesamt: 5,6g
　Gesättigte
　Fettsäuren: 2,9g
Cholesterol: 30mg
Natrium: 111mg

Kalium: 179mg
Kohlenhydrate
　insgesamt: 20,7g
Ballaststoffe: 2,5g
Zucker: 6,2g
Proteine: 12,6g
Kalorien: 900

Kalorien von Fetten: 253
Fette insgesamt: 28,1g
Gesättigte Fettsäuren: 14,4g
Cholesterol: 151mg
Natrium: 555mg

Kalium: 869mg
Kohlenhydrate insgesamt: 104g
Ballaststoffe: 12.4g
Zucker: 31,2g
Proteine: 63,2g

3. Zimt Shake

Zubereitungszeit: 5 Minuten
Portionen: 3

1. Zutaten:

240ml Milch
¼ TL Zimt (4g)
½ TL Vanilleextrakt(3g)
2 TL Vanilleeis (30g)
2 TL Haferflocken (30g)
50g Molkenproteine

2. Zubereitung:

Gib alle Zutaten in einen Mixer und verrühre sie, bis die Mischung geschmeidig ist.

3. Nährwertangabe(Angabe pro 100g/Shake):

Enthält Vitamin A, Calcium, Eisen.

Kalorien: 131
    Kalorien von
    Fetten: 30
Fette insgesamt: 3,3g
    Gesättigte
    Fettsäuren: 1,8g
Cholesterol: 42mg
Natrium: 73mg
Kalium: 158mg

Kohlenhydrate insgesamt: 10,3g
    Ballaststoffe: 1g
    Zucker: 4,8g
Proteine: 15,3g
Kalorien: 342
    Kalorien von
    Fetten: 89
Fette insgesamt: 9,9g

Gesättigte Fettsäuren: 5,4g
Cholesterol: 127mg
Natrium: 219mg
Kalium: 474mg

Kohlenhydrate insgesamt: 31g
Ballaststoffe: 3,1g
Zucker: 14,4g
Proteine: 45,9g

4. Mandel Shake

Zubereitungszeit: 5 Minuten
Portionen: 5

1. Zutaten:

220ml Mandelmilch
120g Haferflocken
50g Molkenproteine
80g Rosinen
20g Mandeln (gemahlen)
1 TL Erdnussbutter (15g)

2. Zubereitung:

Gib alle Zutaten in einen Mixer und verrühre sie, bis die Mischung geschmeidig ist.

3. Nährwertangabe(Angabe pro 100g/Shake):

Enthält: Vitamin C, Eisen, Calcium.

Kalorien: 241
    Kalorien von Fetten: 61
Fette insgesamt: 6,7g
    Gesättigte Fettsäuren: 1.6g
Cholesterol: 24mg
Natrium: 57mg
Kalium: 339mg
Kohlenhydrate insgesamt: 33,8g
    Ballaststoffe: 3,7g
    Zucker: 12,5g
Proteine: 13,9g
Kalorien: 1207
    Kalorien von Fetten: 304

Fette insgesamt: 33,7g
 Gesättigte Fettsäuren: 8g
Cholesterol: 122mg
Natrium: 283mg
Kalium: 1693mg

Kohlenhydrate insgesamt: 169g
 Ballaststoffe: 18,5g
 Zucker: 62,3g
Proteine: 69,4g

5. Banane & Mandel Shake

Zubereitungszeit: 5 Minuten
Portionen: 5

1. Zutaten:

2 Bananen
230ml Mandelmilch
20g Mandeln (gemahlen)
10g Pistazien (gemahlen)
40g Molkenproteine

2. Zubereitung:

Gib alle Zutaten in einen Mixer und verrühre sie, bis die Mischung geschmeidig ist.

3. Nährwertangabe(Angabe pro 100g/Shake):

Enthält Vitamin A, C, Eisen, Calcium.

Kalorien: 241
    Kalorien von Fetten: 61
Fette insgesamt: 6,7g
    Gesättigte Fettsäuren: 1,6g
Cholesterol: 24mg
Natrium: 57mg
Kalium: 339mg
Kohlenhydrate insgesamt: 33,8g
Ballaststoffe: 3,7g
Zucker: 12,5g
Proteine: 13,9g
Kalorien: 1073
    Kalorien von Fetten: 659
Fette insgesamt: 73,2g

Gesättigte Fettsäuren: 52,1g
Cholesterol: 83mg
Natrium: 109mg
Kalium: 1934mg

Kohlenhydrate insgesamt: 78,7g
Ballaststoffe: 14,8g
Zucker: 39,4g
Proteine: 42,8g

6. Wildbeeren Shake

Zubereitungszeit: 5 Minuten
Portionen: 7

1. Zutaten:

30g Erdbeeren
30g Heidelbeeren
30g Himbeeren
30g Johannisbeeren
500ml Milch
60g Molkenproteine
1 TL Vanilleextrakt(5g)
1 TL Zitronenextrakt (5g)

2. Zubereitung:

Gib alle Zutaten in einen Mixer und verrühre sie, bis die Mischung geschmeidig ist. Du kannst außerdem einige Eiswürfel dazugeben.

3. Nährwertangabe(Angabe pro 100g/Shake):

Enthält Vitamin A, C, Eisen, Calcium.

Kalorien: 78	Cholesterol: 24mg
Kalorien von Fetten: 19g	Natrium: 50mg
	Kalium: 119mg
Fette insgesamt: 2,1g	Kohlenhydrate insgesamt: 6,7g
Gesättigte Fettsäuren: 1,2g	Ballaststoffe: 0,7g

Zucker: 4,7g
Proteine: 8,7g
Kalorien: 549
  Kalorien von
  Fetten: 13g
Fette insgesamt: 14,6g
  Gesättigte
  Fettsäuren: 8,1g

Cholesterol: 167mg
Natrium: 351mg
Kalium: 832mg
Kohlenhydrate insgesamt: 46,9g
  Ballaststoffe: 4,6g
  Zucker: 33g
Proteine: 61g

7. Erdbeer Shake

Zubereitungszeit: 5 Minuten
Portionen: 5

1. Zutaten:

30g Erdbeeren
100g Griechischer Joghurt
200ml Milch
40g Molkenproteine
2 Eier
20g Süßungsmittel (Honig/ brauner Zucker)
Eiswürfel
1 TL Vanilleextrakt(5g)

2. Zubereitung:

Gib alle Zutaten in einen Mixer und verrühre sie, bis die Mischung geschmeidig ist. Der griechische Joghurt kann auch Vanille- oder Erdbeergeschmack besitzen, oder aber klassisch. Der Shake schmeckt mit allen Geschmacksrichtungen.

3. Nährwertangabe(Angabe pro 100g/Shake):

Enthält Vitamin A, C, Eisen, Calcium.

Kalorien: 96	Fette insgesamt: 3,5g
Kalorien von Fetten: 32	Gesättigte Fettsäuren: 1,6g

Cholesterol: 87mg
Natrium: 65mg
Kalium: 131mg
Kohlenhydrate
    insgesamt: 9,2g
       Ballaststoffe: 2,5g
       Zucker: 3,4g
Proteine: 11,3g

Kalorien: 508
    Kalorien von
    Fetten: 157g

Fette insgesamt: 17,4g
    Gesättigte Fettsäuren: 8g
Cholesterol: 433mg
Natrium: 326mg
Kalium: 656mg
Kohlenhydrate
    insgesamt: 45,9g
    Ballaststoffe: 12,4g
    Zucker: 17,2g
Proteine: 56,6g

8. Erdbeer-Vanille-Shake

Zubereitungszeit: 5 Minuten
Portionen: 7

1. Zutaten:

100g Erdbeeren
1 Banane
1 TL Vanilleextrakt(5g)
1 TL Erdbeerextrakt (15g)
50g Haferflocken
200ml Milch
5 Eier
Eiswürfel

2. Zubereitung:

Gib alle Zutaten in einen Mixer und verrühre sie, bis die Mischung geschmeidig ist.

3. Nährwertangabe(Angabe pro 100g/Shake):

Enthält Vitamin A, C, Eisen, Calcium.

Kalorien: 112
   Kalorien von Fetten: 39
Fette insgesamt: 4,3g
   Gesättigte Fettsäuren: 1,4g
Cholesterol: 119mg
Natrium: 59mg
Kalium: 170mg
Kohlenhydrate insgesamt: 11,7g
Ballaststoffe: 1,4g
Zucker: 4,6g
Proteine: 6,1g

Kalorien: 782
Kalorien von Fetten: 271
Fette insgesamt: 30,1g
Gesättigte Fettsäuren: 10,1g
Cholesterol: 835mg

Natrium: 421mg
Kalium: 1189mg
Kohlenhydrate insgesamt: 82g
Ballaststoffe: 10,1g
Zucker: 32,5g
Proteine: 43g

9. Erdbeer & Nuss Shake

Zubereitungszeit: 5 Minuten
Portionen: 4

1. Zutaten:

50g Erdbeeren
50g Nussmischung (gehackt)
200ml Milch
100g Griechischer Joghurt
2 TL Haferflocken (30g)

2. Zubereitung:

Gib alle Zutaten in einen Mixer und verrühre sie, bis die Mischung geschmeidig ist.

3. Nährwertangabe(Angabe pro 100g/Shake):

Enthält Vitamin A, C, Eisen, Calcium.

Kalorien: 140
   Kalorien von Fetten: 81
Fette insgesamt: 9g
   Gesättigte Fettsäuren: 1,4g
Cholesterol: 1mg
Natrium: 80mg
Kalium: 125mg

Kohlenhydrate insgesamt: 9,2g
Ballaststoffe: 1,4g
Zucker: 4,3g
Proteine: 6.9g
Kalorien: 417
   Kalorien von Fetten: 324
Fette insgesamt: 36g

Gesättigte Fettsäuren: 5,4g
Cholesterol: 5mg
Natrium: 321mg
Kalium: 499mg

Kohlenhydrate insgesamt: 36,9g
Ballaststoffe: 5,5g
Zucker: 17,1g
Proteine: 27,6g

10. Himbeer-Shake

Zubereitungszeit: 5 Minuten
Portionen: 4

1. Zutaten:

50g Molkenproteine
100g Himbeeren
30g Erdbeeren
50g saure Sahne
200ml Milch
1 TL Limettenextrakt (5g)

2. Zubereitung:

Gib alle Zutaten in einen Mixer und verrühre sie, bis die Mischung geschmeidig ist.

3. Nährwertangabe(Angabe pro 100g/Shake):

Enthält Vitamin A, C, B-12, Eisen, Calcium.

Kalorien: 116
    Kalorien von Fetten: 41
Fette insgesamt: 4,6g
    Gesättigte Fettsäuren: 2,6g
Cholesterol: 36mg
Natrium: 54mg
Kalium: 168mg

Kohlenhydrate insgesamt: 8,1g
    Ballaststoffe: 1,8g
    Zucker: 4,2g
Proteine: 11,4g
Kalorien: 465
    Kalorien von Fetten: 166

Fette insgesamt: 18,4g
Gesättigte Fettsäuren: 10,6g
Cholesterol: 143mg
Natrium: 214mg

Kalium: 670mg
Kohlenhydrate insgesamt: 32,5g
Ballaststoffe: 7,1g
Zucker: 16,8g
Proteine: 45,5g

11. Heidelbeer-Shake
Zubereitungszeit: 5 Minuten
Portionen: 6

1. Zutaten:

250g Heidelbeeren
50g saure Sahne
80g Haferflocken
100ml Kokosmilch
160g Kürbispüree
Zimt, Nussmischung zum Garnieren

2. Zubereitung:

Gib alle Zutaten in einen Mixer und verrühre sie, bis die Mischung geschmeidig ist.

3. Nährwertangabe(Angabe pro 100g/Shake):

Enthält Vitamin A, C, Eisen, Calcium.

Kalorien: 140
    Kalorien von Fetten: 62
Fette insgesamt: 6,9g
    Gesättigte Fettsäuren: 4,8g
Cholesterol: 4mg
Natrium: 9mg
Kalium: 192mg
Kohlenhydrate insgesamt: 18,5g
    Ballaststoffe: 3,5g
Zucker: 5,7g
Proteine: 3g
Kalorien: 641
    Kalorien von Fetten: 371

Fette insgesamt:
 41,2g
 Gesättigte
 Fettsäuren: 29,1g
Cholesterol: 22mg
Natrium: 56mg

Kalium: 1150mg
Kohlenhydrate
 insgesamt: 112g
 Ballaststoffe: 21g
 Zucker: 34,4g
Proteine: 18,1g

12. Erdnussbutter Shake

Zubereitungszeit: 5 Minuten
Portionen: 6

1. Zutaten:

300ml Mandelmilch
50g Erdnussbutter
50g Nussmischung
6 Eiweiß
1 TL Butterextrakt (5g)

2. Zubereitung:

Gib alle Zutaten in einen Mixer und verrühre sie, bis die Mischung geschmeidig ist.

3. Nährwertangabe(Angabe pro 100g/Shake):

Enthält Vitamin C, Eisen, Calcium.

Kalorien: 236
   Kalorien von Fetten: 191
Fette insgesamt: 21,3g
   Gesättigte Fettsäuren: 12,2g
Cholesterol: 0mg
Natrium: 109mg
Kalium: 241mg

Kohlenhydrate insgesamt: 6,2g
   Ballaststoffe: 2g
   Zucker: 3,1g
Proteine: 8,3g
Kalorien: 1415
   Kalorien von Fetten: 1148
Fette insgesamt: 127,6g

Gesättigte Fettsäuren: 73,1g
Cholesterol: 0mg
Natrium: 656mg
Kalium: 1448mg

Kohlenhydrate insgesamt: 37,2g
Ballaststoffe: 11,9g
Zucker: 18,5g
Proteine: 50,2g

13. Erdnussbutter & Banane Shake

Zubereitungszeit: 5 Minuten
Portionen: 7

1. Zutaten:

250ml Mandelmilch
2 Bananen
30g Erdnussbutter
5 Eier
2 TL Honig (10g)
1 TL Vanilleextrakt(5g)

2. Zubereitung:

Gib alle Zutaten in einen Mixer und verrühre sie, bis die Mischung geschmeidig ist.

3. Nährwertangabe(Angabe pro 100g/Shake):

Enthält Vitamin A, C, Eisen, Calcium.

Kalorien: 191
    Kalorien von Fetten: 126
Fette insgesamt: 14g
    Gesättigte Fettsäuren: 9,1g
Cholesterol: 117mg
Natrium: 70mg
Kalium: 288mg
Kohlenhydrate insgesamt: 12,5g
    Ballaststoffe: 1,9g
Zucker: 7,7g
Proteine: 6,2g
Kalorien: 1339
    Kalorien von Fetten: 884

Fette insgesamt: 98,2g
Gesättigte Fettsäuren: 63,9g
Cholesterol: 818mg
Natrium: 487mg
Kalium: 2015mg

Kohlenhydrate insgesamt: 87,6g
Ballaststoffe: 13,5g
Zucker: 53,9g
Proteine: 43,6g

14. Erdnussbutter & Schokolade Shake

Zubereitungszeit: 5 Minuten
Portionen: 3

1. Zutaten:

2 TL Kakaopulver (30g)
30g Erdnussbutter
250ml Mandelmilch
50g Molkenproteine

2. Zubereitung:

Gib alle Zutaten in einen Mixer und verrühre sie, bis die Mischung geschmeidig ist.

3. Nährwertangabe(Angabe pro 100g/Shake):

Enthält Vitamin C, Eisen, Calcium.

Kalorien: 326
   Kalorien von Fetten: 240
Fette insgesamt: 26,6g
   Gesättigte Fettsäuren: 19,7g
Cholesterol: 35mg
Natrium: 89mg
Kalium: 472mg

Kohlenhydrate insgesamt: 10,6g
   Ballaststoffe: 3,5g
   Zucker: 4,3g
Proteine: 17g
Kalorien: 977
   Kalorien von Fetten: 719
Fette insgesamt: 79,9g

Gesättigte Fettsäuren: 59,1g
Cholesterol: 104mg
Natrium: 267mg
Kalium: 1415mg

Kohlenhydrate insgesamt: 31,8g
Ballaststoffe: 10,6g
Zucker: 13g
Proteine: 51g

15. Schokoladen-Shake

Zubereitungszeit: 5 Minuten
Portionen: 6

1. *Zutaten:*

3 TL Kakaopulver (45g)
250ml Milch
120ml Kürbispüree
1 TL Vanilleextrakt(5g)
5 Eier

2. *Zubereitung:*

Gib alle Zutaten in einen Mixer und verrühre sie, bis die Mischung geschmeidig ist.

3. *Nährwertangabe(Angabe pro 100g/Shake):*

Enthält Vitamin A, C, Eisen, Calcium
Kalorien: 89
    Kalorien von
    Fetten: 44
Fette insgesamt: 4,9g
    Gesättigte
    Fettsäuren: 1,9g
Cholesterol: 140mg
Natrium: 73mg
Kalium: 185mg
Kohlenhydrate
    insgesamt: 5,6g
Ballaststoffe: 1,4g
Zucker: 3g
Proteine: 6,7g
Kalorien: 534
    Kalorien von
    Fetten: 267
Fette insgesamt: 29,6g

Gesättigte Fettsäuren: 11,4g
Cholesterol: 840mg
Natrium: 439mg
Kalium: 1112mg

Kohlenhydrate insgesamt: 33,8g
Ballaststoffe: 8,4g
Zucker: 18,2g
Proteine: 40,4g

16. Schokolade & Mandel Shake

Zubereitungszeit: 5 Minuten
Portionen: 5

1. Zutaten:

2 TL Schokoladenpudding (30g)
50g Mandel (gehackt)
300ml Milch
40g Molkenproteine
1 TL Amarettosirup (5g)

2. Zubereitung:

Gib alle Zutaten in einen Mixer und verrühre sie, bis die Mischung geschmeidig ist.

3. Nährwertangabe(Angabe pro 100g/Shake):

Enthält Vitamin A, Eisen, Calcium.

Kalorien: 131
    Kalorien von Fetten: 61
Fette insgesamt: 6,8g
    Gesättigte Fettsäuren: 1,4g
Cholesterol: 22mg
Natrium: 70mg
Kalium: 154mg

Kohlenhydrate insgesamt: 9g
    Ballaststoffe: 1,3g
    Zucker: 3,5g
Proteine: 9,9g
Kalorien: 656
    Kalorien von Fetten: 303
Fette insgesamt: 33,7g

Gesättigte Fettsäuren: 6,9g
Cholesterol: 109mg
Natrium: 351mg
Kalium: 770mg

Kohlenhydrate insgesamt: 45,2g
Ballaststoffe: 6,5g
Zucker: 17,2g
Proteine: 49,3g

17. Karamell und Haselnuss Shake

Zubereitungszeit: 5 Minuten
Portionen: 4

1. Zutaten:

50g Haselnüsse (gehackt)
1 TL Kramellsirup (5g)
1 TL Ahornsirup(5g)
250ml Mandelmilch
50g Molkenproteine

2. Zubereitung:

Gib alle Zutaten in einen Mixer und verrühre sie, bis die Mischung geschmeidig ist.

3. Nährwertangabe(Angabe pro 100g/Shake):

Enthält Vitamin C, Eisen, Calcium.

Kalorien: 307
　Kalorien von Fetten: 211
Fette insgesamt: 23,4g
　Gesättigte Fettsäuren: 14,3g
Cholesterol: 26mg
Natrium: 37mg
Kalium: 326mg

Kohlenhydrate insgesamt: 15,5g
Ballaststoffe: 2,6g
Zucker: 11g
Proteine: 12,2g
Kalorien: 1228
　Kalorien von Fetten: 844
Fette insgesamt: 93,8g

Gesättigte Fettsäuren: 57,3g
Cholesterol: 104mg
Natrium: 148mg
Kalium: 1303mg

Kohlenhydrate insgesamt: 61,8g
Ballaststoffe: 10,4g
Zucker: 44,1g
Proteine: 49g

18. Pflaumen Shake
Zubereitungszeit: 5 Minuten
Portionen: 8

1. Zutaten:

200g Pflaumen
50g Rosinen
200ml Milch
4 Eier
100g Quark
70g Haferflocken

2. Zubereitung:

Gib alle Zutaten in einen Mixer und verrühre sie, bis die Mischung geschmeidig ist.

3. Nährwertangabe(Angabe pro 100g/Shake):

Enthält Vitamin A, C, Eisen, Calcium.

Kalorien: 122
    Kalorien von
    Fetten: 43
Fette insgesamt: 4,7g
    Gesättigte
    Fettsäuren: 1,8g
Cholesterol: 87mg
Natrium: 62mg
Kalium: 149mg

Kohlenhydrate
    insgesamt: 14.,7g
    Ballaststoffe: 1,3g
    Zucker: 7,2g
Proteine: 6,2g
Kalorien: 975
    Kalorien von
    Fetten: 340

Fette insgesamt: 37,8g
Gesättigte Fettsäuren: 14,3g
Cholesterol: 699mg
Natrium: 499mg
Kalium: 1190mg

Kohlenhydrate insgesamt: 117g
Ballaststoffe: 10,7g
Zucker: 57,7g
Proteine: 49,7g

19. Tropischer Shake

Zubereitungszeit: 5 Minuten
Portionen: 5

1. Zutaten:

1 Banane
150g Ananas
40g Mango
200ml Kokosmilch
1 TL Honig (5g)
50g Molkenproteine

2. Zubereitung:

Gib alle Zutaten in einen Mixer und verrühre sie, bis die Mischung geschmeidig ist.

3. Nährwertangabe(Angabe pro 100g/Shake):

Enthält Vitamin A, C, Eisen, Calcium.

Kalorien: 178
    Kalorien von Fetten: 94
Fette insgesamt: 10,4g
    Gesättigte Fettsäuren: 8,9g
Cholesterol: 21mg
Natrium: 25mg
Kalium: 294mg
Kohlenhydrate insgesamt: 15,3g
Ballaststoffe: 2,1g
Zucker: 9,9g
Proteine: 8,5g
Kalorien: 889
    Kalorien von Fetten: 468

Fette insgesamt: 52g
Gesättigte Fettsäuren: 44,6g
Cholesterol: 104mg
Natrium: 124mg
Kalium: 1468mg

Kohlenhydrate insgesamt: 76,4g
Ballaststoffe: 10,3g
Zucker: 49,2g
Proteine: 42,7g

20. Pfirsich Shake

Zubereitungszeit: 5 Minuten
Portionen: 8

1. Zutaten:

6 Pfirsiche
300ml Milch
140g Mandarinen
30g Haferflocken
4 Eier

2. Zubereitung:

Gib alle Zutaten in einen Mixer und verrühre sie, bis die Mischung geschmeidig ist.

3. Nährwertangabe(Angabe pro 100g/Shake):

Enthält Vitamin A, C, Eisen, Calcium.

Kalorien: 70
    Kalorien von Fetten: 20
Fette insgesamt: 2,3g
    Gesättigte Fettsäuren: 0,3g
Cholesterol: 57mg
Natrium: 34mg
Kalium: 137mg
Kohlenhydrate insgesamt: 9,5g
Ballaststoffe: 1g
Zucker: 7,2g
Proteine: 3,5g
Kalorien: 839
    Kalorien von Fetten: 245
Fette insgesamt: 27,3g

Gesättigte Fettsäuren: 9,7g
Cholesterol: 680mg
Natrium: 405mg
Kalium: 1639mg

Kohlenhydrate insgesamt: 115g
Ballaststoffe: 12,4g
Zucker: 86,2g
Proteine: 41,6g

21. Pflaume & Zitronen Shake

Zubereitungszeit: 5 Minuten
Portionen: 6

1. Zutaten:

150g Pflaumen
2 Zitronen (Saft)
2 TL Honig (10g)
200ml Milch
Eiswürfel
150g Griechischer Joghurt
4 Eier

2. Zubereitung:

Gib alle Zutaten in einen Mixer und verrühre sie, bis die Mischung geschmeidig ist.

3. Nährwertangabe(Angabe pro 100g/Shake):

Enthält Vitamin A, C, Eisen, Calcium.

Kalorien: 74
   Kalorien von Fetten: 29
Fette insgesamt: 3,2g
   Gesättigte Fettsäuren: 1,3g
Cholesterol: 85mg
Natrium: 50mg

Kalium: 111mg
Kohlenhydrate insgesamt: 6,4g
Ballaststoffe: 0,6g
Zucker: 5,1g
Proteine: 5,8g
Kalorien: 589

Kalorien von Fetten: 228
Fette insgesamt: 25,3g
Gesättigte Fettsäuren: 10,3g
Cholesterol: 679mg

Natrium: 397mg
Kalium: 890mg
Kohlenhydrate insgesamt: 51,2g
Ballaststoffe: 4,6g
Zucker: 40,9g
Proteine: 45,9g

22. Ananas Shake

Zubereitungszeit: 5 Minuten
Portionen: 6

1. Zutaten:

300g Ananas
200ml Mandelmilch
30g Himbeeren
30g Haferflocken
1 Zitrone (Saft)
40g Molkenproteine

2. Zubereitung:

Gib alle Zutaten in einen Mixer und verrühre sie, bis die Mischung geschmeidig ist.

3. Nährwertangabe(Angabe pro 100g/Shake):

Enthält Vitamin A, C, Eisen, Calcium.

Kalorien: 153
    Kalorien von Fetten: 80
Fette insgesamt: 8,9g
    Gesättigte Fettsäuren: 7,4g
Cholesterol: 14mg
Natrium: 18mg
Kalium: 218mg

Kohlenhydrate insgesamt: 14,4g
    Ballaststoffe: 2,6g
    Zucker: 6,7g
Proteine: 6,6g
Kalorien: 920
    Kalorien von Fetten: 481

Fette insgesamt: 53,4g
Gesättigte Fettsäuren: 44,5g
Cholesterol: 83mg
Natrium: 109mg
Kalium: 1309mg

Kohlenhydrate insgesamt: 86,3g
Ballaststoffe: 15,5g
Zucker: 40,3g
Proteine: 39,6g

23. Orangen Shake
Zubereitungszeit: 5 Minuten
Portionen: 8

1. Zutaten:

5 Orangen
10 Eier
2 TL Honig

2. Zubereitung:

Gib alle Zutaten in einen Mixer und verrühre sie, bis die Mischung geschmeidig ist.

3. Nährwertangabe(Angabe pro 100g/Shake):

Enthält Vitamin A, C, Eisen, Calcium.

Kalorien: 85	Zucker: 8,8g
Kalorien von Fetten: 29	Proteine: 4,6g
	Kalorien: 1189
Fette insgesamt: 3,2g	Kalorien von Fetten: 404
Gesättigte Fettsäuren: 1g	Fette insgesamt: 44,8g
Cholesterol: 117mg	Gesättigte Fettsäuren: 13,8g
Natrium: 44mg	Cholesterol: 1637mg
Kalium: 163mg	Natrium: 618mg
Kohlenhydrate insgesamt: 10,4g	Kalium: 2277mg
Ballaststoffe: 1,6g	

Kohlenhydrate insgesamt: 146g
Ballaststoffe: 22,2g
Zucker: 123,9g
Proteine: 64,1g

24. Pina Colada Shake
Zubereitungszeit: 5 Minuten
Portionen: 8

1. *Zutaten:*

200g Ananas
200g Kokosmilch
50g Haferflocken
300ml Milch
4 Eier

2. *Zubereitung:*

Gib alle Zutaten in einen Mixer und verrühre sie, bis die Mischung geschmeidig ist.

3. *Nährwertangabe(Angabe pro 100g/Shake):*

Enthält Vitamin A, C, Eisen, Calcium.

Kalorien: 128
   Kalorien von
   Fetten: 75
Fette insgesamt: 8,3g
   Gesättigte
   Fettsäuren: 5,8g
Cholesterol: 76mg
Natrium: 48mg
Kalium: 149mg

Kohlenhydrate
   insgesamt: 9,8g
   Ballaststoffe: 1,1g
   Zucker: 4,7g
Proteine: 4,9g
Kalorien: 1155
   Kalorien von
   Fetten: 675
Fette insgesamt: 75g

Gesättigte Fettsäuren: 52,1g
Cholesterol: 680mg
Natrium: 428mg
Kalium: 1339mg

Kohlenhydrate insgesamt: 87,8g
Ballaststoffe: 12,2g
Zucker: 42,2g
Proteine: 44,5g

25. Apfel Shake

Zubereitungszeit: 5 Minuten
Portionen: 3

1. Zutaten:

350g Apfel
1 TL Zimt
200ml Mandelmilch
2 TL Vanilleextrakt
40g Molkenproteine

2. *Zubereitung:*

Gib alle Zutaten in einen Mixer und verrühre sie, bis die Mischung geschmeidig ist.

3. Nährwertangabe(Angabe pro 100g/Shake):

Enthält Vitamin C, Eisen, Calcium.

Kalorien: 139
    Kalorien von Fetten: 77
Fette insgesamt: 8,6g
    Gesättigte Fettsäuren: 7,4g
Cholesterol: 14mg
Natrium: 18mg
Kalium: 193mg

Kohlenhydrate insgesamt: 11,2g
Ballaststoffe: 2,3g
Zucker: 7,6g
Proteine: 5,7g
Kalorien: 833
    Kalorien von Fetten: 463
Fette insgesamt: 51,4g

Gesättigte Fettsäuren: 44,1g
Cholesterol: 83mg
Natrium: 106mg
Kalium: 1157mg

Kohlenhydrate insgesamt: 67,3g
Ballaststoffe: 14,2g
Zucker: 45,5g
Proteine: 34,3g

26. Eier Shake

Zubereitungszeit: 5 Minuten
Portionen: 8

1. Zutaten:

10 Eier
300ml Milch
100g Griechischer Joghurt
2 TL Honig (30g)
50g Haferflocken

2. Zubereitung:

Gib alle Zutaten in einen Mixer und verrühre sie, bis die Mischung geschmeidig ist.

3. Nährwertangabe(Angabe pro 100g/Shake):

Enthält Vitamin A, Eisen, Calcium.

Kalorien: 131
    Kalorien von Fetten: 55
Fette insgesamt: 6,1g
    Gesättigte Fettsäuren: 2,2g
Cholesterol: 185mg
Natrium: 89mg
Kalium: 123mg

Kohlenhydrate insgesamt: 10,1g
Ballaststoffe: 0,6g
Zucker: 6,3g
Proteine: 9,1g
Kalorien: 1176
    Kalorien von Fetten: 498
Fette insgesamt: 55,3g

Gesättigte Fettsäuren: 19,5g
Cholesterol: 1667mg
Natrium: 799mg
Kalium: 1111mg

Kohlenhydrate insgesamt: 91,1g
Ballaststoffe: 5,1g
Zucker: 56,3g
Proteine: 82,2g

27. Kürbis Shake
Zubereitungszeit: 5 Minuten
Portionen: 6

1. *Zutaten:*

300g Kürbis
300g Himbeeren
50g saure Sahne
200ml Mandelmilch
40g Molkenproteine

2. *Zubereitung:*

Gib alle Zutaten in einen Mixer und verrühre sie, bis die Mischung geschmeidig ist.

3. *Nährwertangabe(Angabe pro 100g/Shake):*

Enthält Vitamin A, C, Eisen, Calcium.

Kalorien: 123
  Kalorien von Fetten: 72
Fette insgesamt: 8g
  Gesättigte Fettsäuren: 6,4g
Cholesterol: 13mg
Natrium: 18mg
Kalium: 238mg

Kohlenhydrate insgesamt: 9,8g
Ballaststoffe: 4,1g
Zucker: 3,9g
Proteine: 5,2g
Kalorien: 986
  Kalorien von Fetten: 576
Fette insgesamt: 64g

Gesättigte Fettsäuren: 51,1g
Cholesterol: 105mg
Natrium: 146mg
Kalium: 1903mg

Kohlenhydrate insgesamt: 78,2g
Ballaststoffe: 32,7g
Zucker: 31,2g
Proteine: 41,7g

28. Rote Beete Shake

Zubereitungszeit: 5 Minuten
Portionen: 6

1. Zutaten:

300g Rote Beet
50g Petersilie
80g Heidelbeeren
200ml Milch
60g Molkenproteine

2. Zubereitung:

Gib alle Zutaten in einen Mixer und verrühre sie, bis die Mischung geschmeidig ist.

3. Nährwertangabe(Angabe pro 100g/Shake):

Enthält Vitamin A, C, Eisen, Calcium.

Kalorien: 89
   Kalorien von Fetten: 14
Fette insgesamt: 1.5g
   Gesättigte Fettsäuren: 0,7g
Cholesterol: 24mg
Natrium: 77mg
Kalium: 285mg
Kohlenhydrate insgesamt: 10,3g
Ballaststoffe: 1,6g
Zucker: 7,2g
Proteine: 9,5g
Kalorien: 531
   Kalorien von Fetten: 81
Fette insgesamt: 9g

Gesättigte Fettsäuren: 4,5g	Kohlenhydrate insgesamt: 61,9g
Cholesterol: 142mg	Ballaststoffe: 9,6g
Natrium: 464mg	Zucker: 43,3g
Kalium: 1711mg	Proteine: 56,8g

29. Kokosnuss Shake

Zubereitungszeit: 5 Minuten
Portionen: 5

1. Zutaten:

100ml Kokosmilch
200ml Milch
100g Griechischer Joghurt
50g Molkenproteine
1 TL Kokosnussextrakt
30g Kokosraspeln

2. Zubereitung:

Gib alle Zutaten in einen Mixer und verrühre sie, bis die Mischung geschmeidig ist.

3. Nährwertangabe(Angabe pro 100g/Shake):

Enthält Vitamin A, C, Eisen, Calcium.

Kalorien: 145
   Kalorien von Fetten: 78
Fette insgesamt: 8,7g
   Gesättigte Fettsäuren: 7,2g
Cholesterol: 25mg
Natrium: 48mg
Kalium: 184mg

Kohlenhydrate insgesamt: 6,2g
   Ballaststoffe: 1g
Zucker: 4,1g
Proteine: 11,1g
Kalorien: 723
   Kalorien von Fetten: 391

Fette insgesamt: 43,4g
   Gesättigte Fettsäuren: 35,9g
Cholesterol: 126mg
Natrium: 241mg
Kalium: 922mg
Kohlenhydrate insgesamt: 30,8g
   Ballaststoffe: 4,9g
   Zucker: 20,6g
Proteine: 55,8g

30. Mango Shake
Zubereitungszeit: 5 Minuten
Portionen: 8

1. Zutaten:

3 Mango
1 Banane
50g Erdbeeren
300ml Milch
1 Zitronensaft
6 Eier

2. Zubereitung:

Gib alle Zutaten in einen Mixer und verrühre sie, bis die Mischung geschmeidig ist.

3. Nährwertangabe(Angabe pro 100g/Shake):

Enthält Vitamin A, C, Eisen, Calcium.

Kalorien: 87
    Kalorien von Fetten: 31
Fette insgesamt: 3,4g
    Gesättigte Fettsäuren: 1,2g
Cholesterol: 101mg
Natrium: 52mg
Kalium: 155mg

Kohlenhydrate insgesamt: 10,3g
    Ballaststoffe: 1g
    Zucker: 7,8g
Proteine: 4,7g
Kalorien: 874
    Kalorien von Fetten: 306
Fette insgesamt: 34g

Gesättigte Fettsäuren: 12,3g
Cholesterol: 1007mg
Natrium: 524mg
Kalium: 1549mg

Kohlenhydrate insgesamt: 103g
Ballaststoffe: 9,7g
Zucker: 78,5g
Proteine: 46,7g

31. Wassermelonen Shake
Zubereitungszeit: 5 Minuten
Portionen: 6

1. *Zutaten:*

300g Wassermelone
200g Cantaloupe-Melone
200ml Wasser
1 TL Vanilleextrakt
50g saure Sahne
50g Molkenproteine

2. *Zubereitung:*

Gib alle Zutaten in einen Mixer und verrühre sie, bis die Mischung geschmeidig ist.

3. *Nährwertangabe(Angabe pro 100g/Shake):*

Enthält Vitamin A, C, Eisen, Calcium.

Kalorien: 59
    Kalorien von Fetten: 16
Fette insgesamt: 1,8g
    Gesättigte Fettsäuren: 1g
Cholesterol: 16mg
Natrium: 20mg
Kalium: 154mg

Kohlenhydrate insgesamt: 5,9g
    Ballaststoffe: 0g
    Zucker: 4,5g
Proteine: 5,1g

Kalorien: 471
    Kalorien von Fetten: 128

Fette insgesamt: 14,2g
 Gesättigte Fettsäuren: 8,3g
Cholesterol: 126mg
Natrium: 158mg

Kalium: 1230mg
Kohlenhydrate insgesamt: 47,5g
Ballaststoffe: 3g
Zucker: 36,2g
Proteine: 40,7g

32. Shake mit griechischem Joghurt

Zubereitungszeit: 5 Minuten
Portionen: 6

1. Zutaten:

300g Griechischer Joghurt
100g Kokosmilch
2 TL Honig (30g)
40g Rosinen
200ml Mandelmilch

2. Zubereitung:

Gib alle Zutaten in einen Mixer und verrühre sie, bis die Mischung geschmeidig ist.

3. Nährwertangabe(Angabe pro 100g/Shake):

Enthält Vitamin A, C, Eisen, Calcium.

Kalorien: 167
   Kalorien von Fetten: 101
Fette insgesamt: 11,2g
   Gesättigte Fettsäuren: 9,8g
Cholesterol: 2mg
Natrium: 21mg
Kalium: 220mg

Kohlenhydrate insgesamt: 13,6g
   Ballaststoffe: 1,2g
   Zucker: 11,5g
Proteine: 5,5g
Kalorien: 1169
   Kalorien von Fetten: 706
Fette insgesamt: 78,4g

Gesättigte Fettsäuren: 68,5g
Cholesterol: 15mg
Natrium: 149mg
Kalium: 1541mg

Kohlenhydrate insgesamt: 95,1g
Ballaststoffe: 8,2g
Zucker: 80,3g
Proteine: 38,3g

33. Kaffee & Banane Shake

Zubereitungszeit: 5 Minuten
Portionen: 6

1. Zutaten:

25g Kaffee (gemahlen)
2 Bananen
150ml Mandelmilch
20g Erdnussbutter
100ml Wasser
5 Eier

2. Zubereitung:

Gib alle Zutaten in einen Mixer und verrühre sie, bis die Mischung geschmeidig ist.

3. Nährwertangabe(Angabe pro 100g/Shake):

Enthält Vitamin A, C, Eisen, Calcium.

Kalorien: 142
   Kalorien von Fetten: 89
Fette insgesamt: 9,9g
   Gesättigte Fettsäuren: 5,9g
Cholesterol: 117mg
Natrium: 61mg
Kalium: 240mg
Kohlenhydrate insgesamt: 9,7g
   Ballaststoffe: 1,5g
   Zucker: 5,4g
Proteine: 5,5g
Kalorien: 992
   Kalorien von Fetten: 621
Fette insgesamt: 69g

Gesättigte Fettsäuren: 41,4g	Kohlenhydrate insgesamt: 68g
Cholesterol: 818mg	Ballaststoffe: 10,7g
Natrium: 429mg	Zucker: 37,5g
Kalium: 1683mg	Proteine: 38,8g

34. Spinat Shake
Zubereitungszeit: 5 Minuten
Portionen: 7

1. *Zutaten:*

200g Spinat
50g Petersilie
70g Himbeeren
200ml Milch
100ml Wasser
50g saure Sahne
50g Molkenproteine

2. *Zubereitung:*

Gib alle Zutaten in einen Mixer und verrühre sie, bis die Mischung geschmeidig ist.

3. *Nährwertangabe(Angabe pro 100g/Shake):*

Enthält Vitamin A, C, Eisen, Calcium.

Kalorien: 72
    Kalorien von Fetten: 25
Fette insgesamt: 2,8g
    Gesättigte Fettsäuren: 1,5g
Cholesterol: 20mg
Natrium: 58mg
Kalium: 282mg
Kohlenhydrate insgesamt: 5,3g
Ballaststoffe: 1,5g
Zucker: 2,2g
Proteine: 7,4g
Kalorien: 504

Kalorien von Fetten: 174
Fette insgesamt: 19,3g
Gesättigte Fettsäuren: 10,8g
Cholesterol: 143mg
Natrium: 403mg

Kalium: 1973mg
Kohlenhydrate insgesamt: 37g
Ballaststoffe: 10,6g
Zucker: 15,2g
Proteine: 52,1g

35. Chia Shake
Zubereitungszeit: 5 Minuten
Portionen: 5

1. Zutaten:

100g Chiasamen
200ml Mandelmilch
50 saure Sahne
50g Petersilie
100ml Wasser
40g Molkenproteine

2. Zubereitung:

Gib alle Zutaten in einen Mixer und verrühre sie, bis die Mischung geschmeidig ist.

3. Nährwertangabe(Angabe pro 100g/Shake):

Enthält Vitamin A, C, Eisen, Calcium.

Kalorien: 174
   Kalorien von Fetten: 123
Fette insgesamt: 13,7g
   Gesättigte Fettsäuren: 10g
Cholesterol: 20mg
Natrium: 30mg
Kalium: 260mg
Kohlenhydrate insgesamt: 6,2g
Ballaststoffe: 3,3g
Zucker: 1,7g
Proteine: 8,4g
Kalorien: 872
   Kalorien von Fetten: 615

Fette insgesamt: 68,3g
  Gesättigte Fettsäuren: 50,1g
Cholesterol: 99mg
Natrium: 152mg
Kalium: 1300mg

Kohlenhydrate insgesamt: 31,2g
  Ballaststoffe: 16,5g
  Zucker: 8,5g
Proteine: 42,1g

36. Papaya Shake

Zubereitungszeit: 5 Minuten
Portionen: 6

1. Zutaten:

3 Papaya
50g Haferflocken
300ml Milch
1 TL Vanilleextrakt
50g Molkenproteine

2. Zubereitung:

Gib alle Zutaten in einen Mixer und verrühre sie, bis die Mischung geschmeidig ist.

3. Nährwertangabe(Angabe pro 100g/Shake):

Enthält Vitamin A, C, Eisen, Calcium.

Kalorien: 95
    Kalorien von Fetten: 14
Fette insgesamt: 1,6g
    Gesättigte Fettsäuren: 0,7g
Cholesterol: 16mg
Natrium: 34mg
Kalium: 81mg
Kohlenhydrate insgesamt: 14,1g
Ballaststoffe: 1,4g
Zucker: 5,4g
Proteine: 6,5g
Kalorien: 760
    Kalorien von Fetten: 113
Fette insgesamt: 12,6g

Gesättigte Fettsäuren: 5,9g
Cholesterol: 130mg
Natrium: 268mg
Kalium: 648mg

Kohlenhydrate insgesamt: 113g
Ballaststoffe: 11,1g
Zucker: 43,5g
Proteine: 52,4g

37. Vanille & Avocado Shake

Zubereitungszeit: 5 Minuten
Portionen: 8

1. Zutaten:

3 Avocados
20g Vanillezucker
150ml Milch
200ml Wasser
1 TL Vanilleextrakt
40g Molkenproteine (Vanille)

2. Zubereitung:

Gib alle Zutaten in einen Mixer und verrühre sie, bis die Mischung geschmeidig ist.

3. Nährwertangabe(Angabe pro 100g/Shake):

Enthält Vitamin A, C, Eisen, Calcium.

Kalorien: 155
   Kalorien von Fetten: 111
Fette insgesamt: 12,3g
   Gesättigte Fettsäuren: 2,8g
Cholesterol: 10mg
Natrium: 19mg
Kalium: 325mg
Kohlenhydrate insgesamt: 8,5g
Ballaststoffe: 4g
Zucker: 3,2g
Proteine: 4,5g
Kalorien: 1549
   Kalorien von Fetten: 1108

Fette insgesamt: 123,1g
  Gesättigte Fettsäuren: 27,8g
Cholesterol: 96mg
Natrium: 187mg
Kalium: 3248mg

Kohlenhydrate insgesamt: 84,8g
  Ballaststoffe: 40,4g
  Zucker: 31,7g
Proteine: 45,1g

38. Kirsche & Mandel Shake

Zubereitungszeit: 5 Minuten
Portionen: 8

1. Zutaten:

300g Kirschen
100g Mandelmilch
6 Eier
30g Mandeln (gehackt)
75g saure Sahne
200g Milch
1 TL Vanilleextrakt

2. *Zubereitung:*

Gib alle Zutaten in einen Mixer und verrühre sie, bis die Mischung geschmeidig ist.

3. *Nährwertangabe(Angabe pro 100g/Shake):*

Enthält Vitamin A, C, Eisen, Calcium.

Kalorien: 158	Kalium: 155mg
Kalorien von Fetten: 85	Kohlenhydrate insgesamt: 12,5g
Fette insgesamt: 9,5g	Ballaststoffe: 0,9g
Gesättigte Fettsäuren: 4,8g	Zucker: 1,9g
Cholesterol: 115mg	Proteine: 5,8g
Natrium: 64mg	Kalorien: 1424

Kalorien von Fetten: 766	Natrium: 574mg
Fette insgesamt: 85,1g	Kalium: 1394mg
Gesättigte Fettsäuren: 42,8g	Kohlenhydrate insgesamt: 113g
	Ballaststoffe: 7,8g
	Zucker: 17.4g
Cholesterol: 1031mg	Proteine: 51,9g

39. Karotten Shake
Zubereitungszeit: 5 Minuten
Portionen: 8

1. *Zutaten:*

300g Karotten
200g Erdbeeren
30g Petersilie
200ml Milch
50g Kokosmilch
30g Haferflocken
5 Eier

2. *Zubereitung:*

Gib alle Zutaten in einen Mixer und verrühre sie, bis die Mischung geschmeidig ist.

3. *Nährwertangabe(Angabe pro 100g/Shake):*

Enthält Vitamin A, C, Eisen, Calcium.

Kalorien: 84
   Kalorien von
   Fetten: 37
Fette insgesamt: 4,1g
   Gesättigte
   Fettsäuren: 2g
Cholesterol: 84mg
Natrium: 64mg
Kalium: 208mg
Kohlenhydrate
   insgesamt: 8,2g
Ballaststoffe: 1,7g
Zucker: 3,8g
Proteine: 4,4g
Kalorien: 844

Kalorien von Fetten: 367
Fette insgesamt: 40,8g
  Gesättigte Fettsäuren: 20,3g
Cholesterol: 835mg
Natrium: 640mg

Kalium: 2085mg
Kohlenhydrate insgesamt: 81,7g
  Ballaststoffe: 16,5g
  Zucker: 37,8g
Proteine: 44,2g

40. Trauben Shake

Zubereitungszeit: 5 Minuten
Portionen: 8

1. Zutaten:

400g Trauben
50g Heidelbeeren
200ml Milch
100g Griechischer Joghurt
1 TL Vanilleextrakt
50g Molkenproteine

2. Zubereitung:

Gib alle Zutaten in einen Mixer und verrühre sie, bis die Mischung geschmeidig ist.

3. Nährwertangabe(Angabe pro 100g/Shake):

Enthält Vitamin A, C, Eisen, Calcium.

Kalorien: 88
    Kalorien von Fetten: 12
Fette insgesamt: 1,4g
    Gesättigte Fettsäuren: 0,8g
Cholesterol: 16mg
Natrium: 29mg
Kalium: 171mg
Kohlenhydrate insgesamt: 12,2g
Ballaststoffe: 0,6g
Zucker: 10,8g
Proteine: 6,9g
Kalorien: 706
    Kalorien von Fetten: 97

Fette insgesamt: 10,8g
   Gesättigte Fettsäuren: 6g
Cholesterol: 126mg
Natrium: 229mg
Kalium: 1364mg
Kohlenhydrate insgesamt: 97,6g
Ballaststoffe: 4,8g
Zucker: 86,4g
Proteine: 55,4g

41. Cashew und Kakao Shake

Zubereitungszeit: 5 Minuten
Portionen: 4

1. Zutaten:

50g Cashew (gehackt)
2 TL Kakaopulver (30g)
100ml Mandelmilch
200ml Wasser
50g Molkenproteine (Schokolade)

2. Zubereitung:

Gib alle Zutaten in einen Mixer und verrühre sie, bis die Mischung geschmeidig ist.

3. Nährwertangabe(Angabe pro 100g/Shake):

Enthält Vitamin C, Eisen, Calcium.

Kalorien: 197
   Kalorien von
   Fetten: 127
Fette insgesamt:
   14,1g
   Gesättigte
   Fettsäuren: 7,8g
Cholesterol: 26mg
Natrium: 30mg
Kalium: 209mg

Kohlenhydrate
   insgesamt: 10,7g
Ballaststoffe: 3,2g
Zucker: 1,9g
Proteine: 12,9g
Kalorien: 789
   Kalorien von
   Fetten: 507
Fette insgesamt:
   56,3g

Gesättigte Fettsäuren: 31,3g
Cholesterol: 104mg
Natrium: 119mg
Kalium: 834mg

Kohlenhydrate insgesamt: 42,9g
Ballaststoffe: 12,7g
Zucker: 7,4g
Proteine: 51,7g

42. Kohl Shake
Zubereitungszeit: 5 Minuten
Portionen: 6

1. Zutaten:

300g Kohl
50g Petersilie
1 Zitrone (Saft)
20g Ingwer
300ml Wasser
50ml Milch
50g Molkenproteine

2. Zubereitung:

Gib alle Zutaten in einen Mixer und verrühre sie, bis die Mischung geschmeidig ist.

3. Nährwertangabe(Angabe pro 100g/Shake):

Enthält Vitamin A, C, Eisen, Calcium.

Kalorien: 59
   Kalorien von Fetten: 6
Fette insgesamt: 0,7g
   Gesättigte Fettsäuren: 0g
Cholesterol: 14mg
Natrium: 36mg
Kalium: 300mg
Kohlenhydrate insgesamt: 8g
Ballaststoffe: 1,3g
Zucker: 0,8g
Proteine: 6,3g
Kalorien: 475

Kalorien von Fetten: 52
Fette insgesamt: 5,8g
Gesättigte Fettsäuren: 2,6g
Cholesterol: 108mg
Natrium: 288mg

Kalium: 2402mg
Kohlenhydrate insgesamt: 64,2g
Ballaststoffe: 10,5g
Zucker: 6g
Proteine: 50,1g

43. Salat Shake
Zubereitungszeit: 5 Minuten
Portionen: 8

1. *Zutaten:*

300g Kopfsalat
50g Spinat
30g Petersilie
100ml Mandelmilch
30g Haferflocken
5 Eier
300ml Milch

2. *Zubereitung:*

Gib alle Zutaten in einen Mixer und verrühre sie, bis die Mischung geschmeidig ist.

3. *Nährwertangabe(Angabe pro 100g/Shake):*

Enthält Vitamin A, C, Eisen, Calcium.

Kalorien: 88
    Kalorien von Fetten: 50
Fette insgesamt: 5,5g
    Gesättigte Fettsäuren: 3,2g
Cholesterol: 84mg
Natrium: 54mg
Kalium: 172mg
Kohlenhydrate insgesamt: 5,6g
Ballaststoffe: 0,9g
Zucker: 2,3g
Proteine: 4,8g
Kalorien: 880

Kalorien von Fetten: 498
Fette insgesamt: 55,3g
Gesättigte Fettsäuren: 32,5g
Cholesterol: 844mg
Natrium: 544mg
Kalium: 1716mg
Kohlenhydrate insgesamt: 55,6g
Ballaststoffe: 9,3g
Zucker: 22,8g
Proteine: 47,8g

44. Kohl & Ingwer Shake

Zubereitungszeit: 5 Minuten
Portionen: 6

1. Zutaten:

200g Kohl
20g Ingwer
4 Eier
50g Kokosmilch
100g Griechischer Joghurt
200g Mandelmilch
1-2 TL Honig (15-30g)
20g Chiasamen

2. Zubereitung:

Gib alle Zutaten in einen Mixer und verrühre sie, bis die Mischung geschmeidig ist.

3. Nährwertangabe(Angabe pro 100g/Shake):

Enthält Vitamin A, C, Eisen, Calcium.

Kalorien: 146
   Kalorien von Fetten: 93
Fette insgesamt: 10,3g
   Gesättigte Fettsäuren: 7,6g
Cholesterol: 82mg
Natrium: 51mg
Kalium: 292mg
Kohlenhydrate insgesamt: 9,2g
Ballaststoffe: 1,6g
Zucker: 4g

Proteine: 5,9g
Kalorien: 1165
Kalorien von Fetten: 740
Fette insgesamt: 82,2g
Gesättigte Fettsäuren: 60,4g
Cholesterol: 660mg

Natrium: 410mg
Kalium: 2338mg
Kohlenhydrate insgesamt: 73,7g
Ballaststoffe: 13,1g
Zucker: 31,6g
Proteine: 47g

45. Gurken Shake

Zubereitungszeit: 5 Minuten
Portionen: 6

1. Zutaten:

300g Gurke
50g Petersilie
80g Hüttenkäse
1 TL Zitronenextrakt (5g)
300ml Wasser
40g Molkenproteine

2. Zubereitung:

Gib alle Zutaten in einen Mixer und verrühre sie, bis die Mischung geschmeidig ist.

3. Nährwertangabe(Angabe pro 100g/Shake):

Enthält Vitamin A, C, Eisen, Calcium.

Kalorien: 39	Kohlenhydrate insgesamt: 3,6g
Kalorien von Fetten: 5	Ballaststoffe: 0,6g
Fette insgesamt: 0,6g	Zucker: 1g
Gesättigte Fettsäuren: 0g	Proteine: 5,4g
Cholesterol: 11mg	Kalorien: 310
Natrium: 55mg	Kalorien von Fetten: 43
Kalium: 137mg	Fette insgesamt: 4,8g

Gesättigte Fettsäuren: 2,4g
Cholesterol: 90mg
Natrium: 441mg
Kalium: 1092mg

Kohlenhydrate insgesamt: 28,8g
Ballaststoffe: 5g
Zucker: 8g
Proteine: 43,5g

46. Matcha Shake

Zubereitungszeit: 5 Minuten
Portionen: 6

1. *Zutaten:*

20g Matcha
1 Zitrone (Saft)
100g Griechischer Joghurt
5 Eier
50g Petersilie
50ml Kokosmilch
200ml Milch

2. *Zubereitung:*

Gib alle Zutaten in einen Mixer und verrühre sie, bis die Mischung geschmeidig ist.

3. *Nährwertangabe(Angabe pro 100g/Shake):*

Enthält Vitamin A, C, Eisen, Calcium.

Kalorien: 94
    Kalorien von Fetten: 52
Fette insgesamt: 5,8g
    Gesättigte Fettsäuren: 3,1g
Cholesterol: 120mg
Natrium: 68mg
Kalium: 148mg
Kohlenhydrate insgesamt: 4,6g
Ballaststoffe: 0,7g
Zucker: 3g
Proteine: 6,8g
Kalorien: 661

Kalorien von Fetten: 367
Fette insgesamt: 40,8g
Gesättigte Fettsäuren: 21,7g
Cholesterol: 840mg
Natrium: 477mg
Kalium: 1033mg
Kohlenhydrate insgesamt: 32,1g
Ballaststoffe: 4,7g
Zucker: 21,3g
Proteine: 47,6g

47. Broccoli Shake

Zubereitungszeit: 5 Minuten
Portionen: 6

1. Zutaten:

200g Broccoli
50g Petersilie
30g Spinat
30g Hüttenkäse
300ml Milch
100ml Wasser
4 Eier

2. Zubereitung:

Gib alle Zutaten in einen Mixer und verrühre sie, bis die Mischung geschmeidig ist.

3. Nährwertangabe(Angabe pro 100g/Shake):

Enthält Vitamin A, C, Eisen, Calcium.

Kalorien: 59	Kalium: 169mg
Kalorien von Fetten: 25	Kohlenhydrate insgesamt: 3,9g
Fette insgesamt: 2,8g	Ballaststoffe: 0,8g
Gesättigte Fettsäuren: 1,1g	Zucker: 2,1g
Cholesterol: 76mg	Proteine: 4,9g
Natrium: 71mg	Kalorien: 526

Kalorien von Fetten: 230
Fette insgesamt: 25,6g
Gesättigte Fettsäuren: 9,7g
Cholesterol: 682mg

Natrium: 635mg
Kalium: 1521mg
Kohlenhydrate insgesamt: 35,2g
Ballaststoffe: 7,5g
Zucker: 19,4g
Proteine: 44,4g

48. Kohl & Banane Shake

Zubereitungszeit: 5 Minuten
Portionen: 6

1. Zutaten:

150ml Kokosmilch
70g Kohl
30g Spinat
1 Banane
40g Molkenproteine
200ml Wasser
Süßungsmittel nach Geschmack (Honig/brauner Zucker)

2. Zubereitung:

Gib alle Zutaten in einen Mixer und verrühre sie, bis die Mischung geschmeidig ist.

3. Nährwertangabe(Angabe pro 100g/Shake):

Enthält Vitamin A, C, Eisen, Calcium.

Kalorien: 109
   Kalorien von Fetten: 59
Fette insgesamt: 6,5g
   Gesättigte Fettsäuren: 5,6g
Cholesterol: 14mg
Natrium: 26mg
Kalium: 260mg
Kohlenhydrate insgesamt: 8,1g
Ballaststoffe: 1,4g
Zucker: 3,5g
Proteine: 6g

Kalorien: 651
Kalorien von Fetten: 352
Fette insgesamt: 39,2g
Gesättigte Fettsäuren: 33,5g
Cholesterol: 83mg

Natrium: 155mg
Kalium: 1562mg
Kohlenhydrate insgesamt: 48,5g
Ballaststoffe: 8,1g
Zucker: 20,8g
Proteine: 36,3g

49. Mango & Pfirsich Shake

Zubereitungszeit: 5 Minuten
Portionen: 8

1. *Zutaten:*

2 Mango
4-6 Pfirsiche
300ml Milch
50g Griechischer Joghurt
40g Molkenproteine

2. *Zubereitung:*

Gib alle Zutaten in einen Mixer und verrühre sie, bis die Mischung geschmeidig ist.

3. *Nährwertangabe(Angabe pro 100g/Shake):*

Enthält Vitamin A, C, Eisen, Calcium.

Kalorien: 64
    Kalorien von Fetten: 10
Fette insgesamt: 1,1g
    Gesättigte Fettsäuren: 0,6g
Cholesterol: 11mg
Natrium: 24mg
Kalium: 153mg
Kohlenhydrate insgesamt: 9,3g
Ballaststoffe: 0,9g
Zucker: 8g
Proteine: 4,8g
Kalorien: 640
    Kalorien von Fetten: 101
Fette insgesamt: 11,2g

Gesättigte Fettsäuren: 5,9g
Cholesterol: 111mg
Natrium: 238mg
Kalium: 1531mg

Kohlenhydrate insgesamt: 93,4g
Ballaststoffe: 9,5g
Zucker: 80g
Proteine: 48,3g

50. Grüner Shake
Zubereitungszeit: 5 Minuten
Portionen: 6

1. Zutaten:

100g Petersilie
200g Kohl
100g Himbeeren
1 TL Zitronenextrakt (5g)
200ml Wasser
30ml Milch
60g Molkenproteine

2. Zubereitung:

Gib alle Zutaten in einen Mixer und verrühre sie, bis die Mischung geschmeidig ist.

3. Nährwertangabe(Angabe pro 100g/Shake):

Enthält Vitamin A, C, Eisen, Calcium.

Kalorien: 62
   Kalorien von Fetten: 7
Fette insgesamt: 0,8g
   Gesättigte Fettsäuren: 0g
Cholesterol: 18mg
Natrium: 39mg
Kalium: 292mg
Kohlenhydrate insgesamt: 6,8g
Ballaststoffe: 1,8g
Zucker: 1,2g
Proteine: 7,7g
Kalorien: 435

Kalorien von Fetten: 51
Fette insgesamt: 5,6g
Gesättigte Fettsäuren: 2,3g
Cholesterol: 128mg
Natrium: 271mg

Kalium: 2046mg
Kohlenhydrate insgesamt: 47,9g
Ballaststoffe: 12,8g
Zucker: 8,4g
Proteine: 54g

51. Guave Shake

Zubereitungszeit: 5 Minuten
Portionen: 6

1. Zutaten:

2 Guaven
6 Eier
200ml Milch
20ml Kokosmilch
20ml Mandelmilch
1 TL Vanilleextrakt (5g)
Süßungsmittel nach Geschmack (Honig/brauner Zucker)

2. Zubereitung:

Gib alle Zutaten in einen Mixer und verrühre sie, bis die Mischung geschmeidig ist.

3. Nährwertangabe(Angabe pro 100g/Shake):

Enthält Vitamin A, C, Eisen, Calcium.

Kalorien: 101
   Kalorien von
   Fetten: 54
Fette insgesamt: 6g
   Gesättigte
   Fettsäuren: 2,8g
Cholesterol: 143mg
Natrium: 68mg
Kalium: 191mg
Kohlenhydrate
   insgesamt: 5,8g
Ballaststoffe: 1,
Zucker: 4,2g
Proteine: 6,5g

Kalorien: 709
Kalorien von Fetten: 377
Fette insgesamt: 41,9g
Gesättigte Fettsäuren: 19,8g
Cholesterol: 999mg

Natrium: 477mg
Kalium: 1336mg
Kohlenhydrate insgesamt: 40,7g
Ballaststoffe: 10,6g
Zucker: 29,3g
Proteine: 45,5g

52. Maulbeeren Shake

Zubereitungszeit: 5 Minuten
Portionen: 6

1. Zutaten:

300g Maulbeeren
200g Spinat
50g Hüttenkäse
300g Milch
3 Eier
30g Haferflocken

2. Zubereitung:

Gib alle Zutaten in einen Mixer und verrühre sie, bis die Mischung geschmeidig ist.

3. Nährwertangabe (Angabe pro 100g/Shake):

Enthält Vitamin A, C, Eisen, Calcium.

Kalorien: 67
   Kalorien von Fetten: 22
Fette insgesamt: 2,4g
   Gesättigte Fettsäuren: 0,9g
Cholesterol: 52mg
Natrium: 72mg
Kalium: 220mg

Kohlenhydrate insgesamt: 7,5g
   Ballaststoffe: 1,2g
   Zucker: 4g
Proteine: 4,7g
Kalorien: 672
   Kalorien von Fetten: 217

Fette insgesamt: 24,1g
Gesättigte Fettsäuren: 8,9g
Cholesterol: 520mg
Natrium: 719mg
Kalium: 2204mg

Kohlenhydrate insgesamt: 74,6g
Ballaststoffe: 12,5g
Zucker: 40,1g
Proteine: 47,3g

53. Grapefruit Shake

Zubereitungszeit: 5 Minuten
Portionen: 6

1. Zutaten:

2 Grapefruits
200g Griechischer Joghurt
200ml Wasser
30g Süßungsmittel (Honig/brauner Zucker)
50g Molkenproteine

2. Zubereitung:

Gib alle Zutaten in einen Mixer und verrühre sie, bis die Mischung geschmeidig ist.

3. Nährwertangabe(Angabe pro 100g/Shake):

Enthält Vitamin A, C, Eisen, Calcium.

Kalorien: 61
   Kalorien von Fetten: 9
Fette insgesamt: 1g
   Gesättigte Fettsäuren: 0,7g
Cholesterol: 16mg
Natrium: 23mg
Kalium: 132mg
Kohlenhydrate insgesamt: 10g
Ballaststoffe: 2,9g
Zucker: 3,9g
Proteine: 8,2g
Kalorien: 425
   Kalorien von Fetten: 65
Fette insgesamt: 7,2g

Gesättigte Fettsäuren: 4,5g
Cholesterol: 114mg
Natrium: 160mg
Kalium: 923mg

Kohlenhydrate insgesamt: 69,9g
Ballaststoffe: 20,5g
Zucker: 27,4g
Proteine: 57,3g

54. Melonen Shake

Zubereitungszeit: 5 Minuten
Portionen: 6

1. Zutaten:

300g Melone
200g Griechischer Joghurt
100ml Wasser
20g Süßungsmittel (Honig/brauner Zucker)
50g Molkenproteine

2. Zubereitung:

Gib alle Zutaten in einen Mixer und verrühre sie, bis die Mischung geschmeidig ist.

3. Nährwertangabe (Angabe pro 100g/Shake):

Enthält Vitamin A, C, Eisen, Calcium.

Kalorien: 64
   Kalorien von Fetten: 10
Fette insgesamt: 1,1g
   Gesättigte Fettsäuren: 0,7g
Cholesterol: 16mg
Natrium: 29mg
Kalium: 195mg

Kohlenhydrate insgesamt: 8,8g
   Ballaststoffe: 2,1g
   Zucker: 4,7g
Proteine: 8,3g
Kalorien: 445
   Kalorien von Fetten: 68
Fette insgesamt: 7,6g

Gesättigte Fettsäuren: 4,6g
Cholesterol: 114mg
Natrium: 205mg
Kalium: 1367mg

Kohlenhydrate insgesamt: 62g
Ballaststoffe: 14,5g
Zucker: 33,1g
Proteine: 58,2g

55. Granatapfel Shake

Zubereitungszeit: 5 Minuten
Portionen: 6

1. Zutaten:

4 Granatäpfel
60g Molkenpulver
200ml Milch
1 TL Vanilleextrakt
20g saure Sahne

2. Zubereitung:

Gib alle Zutaten in einen Mixer und verrühre sie, bis die Mischung geschmeidig ist.

3. Nährwertangabe(Angabe pro 100g/Shake):

Enthält Vitamin A, C, Eisen, Calcium.

Kalorien: 88
    Kalorien von Fetten: 12
Fette insgesamt: 1,3g
    Gesättigte Fettsäuren: 0,8g
Cholesterol: 17mg
Natrium: 24mg
Kalium: 233mg
Kohlenhydrate insgesamt: 13,6g
Ballaststoffe: 0g
Zucker: 10,6g
Proteine: 6g
Kalorien: 790
    Kalorien von Fetten: 108
Fette insgesamt: 12g

Gesättigte Fettsäuren: 6,9g
Cholesterol: 151mg
Natrium: 215mg
Kalium: 2093mg

Kohlenhydrate insgesamt: 123g
Ballaststoffe: 4g
Zucker: 95,7g
Proteine: 54,2g

56. Kiwi Shake

Zubereitungszeit: 5 Minuten
Portionen: 6

1. Zutaten:

100g Kiwis
8 Eier
200ml Milch
20g Süßungsmittel (Honig/brauner Zucker)
100g Griechischer Joghurt

2. Zubereitung:

Gib alle Zutaten in einen Mixer und verrühre sie, bis die Mischung geschmeidig ist.

3. Nährwertangabe(Angabe pro 100g/Shake):

Enthält Vitamin A, C, Eisen, Calcium.

Kalorien: 93
    Kalorien von Fetten: 47
Fette insgesamt: 5.2g
    Gesättigte Fettsäuren: 1,9g
Cholesterol: 166mg
Natrium: 78mg
Kalium: 130mg
Kohlenhydrate insgesamt: 6,9g
Ballaststoffe: 1,9g
Zucker: 3,1g
Proteine: 7,8g
Kalorien: 743
    Kalorien von Fetten: 376
Fette insgesamt: 41,7g

Gesättigte Fettsäuren: 15g
Cholesterol: 1331mg
Natrium: 626mg
Kalium: 1043mg

Kohlenhydrate insgesamt: 55g
Ballaststoffe: 14,8g
Zucker: 25g
Proteine: 62,2g

57. Kiwi & Erdbeer Shake
Zubereitungszeit: 5 Minuten
Portionen: 6

1. Zutaten:

200g Kiwis
150g Erdbeeren
50g Griechischer Joghurt
200ml Milch
60g Molkenpulver

2. Zubereitung:

Gib alle Zutaten in einen Mixer und verrühre sie, bis die Mischung geschmeidig ist.

3. *Nährwertangabe(Angabe pro 100g/Shake):*

Enthält Vitamin A, C, Eisen, Calcium.

Kalorien: 78
    Kalorien von Fetten: 13
Fette insgesamt: 1,5g
    Gesättigte Fettsäuren: 0,7g
Cholesterol: 21mg
Natrium: 33mg
Kalium: 197mg
Kohlenhydrate insgesamt: 8,6g
    Ballaststoffe: 1,3g
    Zucker: 5,5g
Proteine: 8,3g
Kalorien: 543
    Kalorien von Fetten: 93
Fette insgesamt: 10,3g

Gesättigte Fettsäuren: 5,1g
Cholesterol: 144mg
Natrium: 228mg
Kalium: 1382mg

Kohlenhydrate insgesamt: 60,1g
Ballaststoffe: 9g
Zucker: 38,4g
Proteine: 57,9g

58. Cantaloupe Melonen Shake

Zubereitungszeit: 5 Minuten
Portionen: 6

1. *Zutaten:*

1 Cantaloupe Melone (500g)
200g Griechischer Joghurt
1 TL Vanilleextrakt(5g)
100ml Milch
40g Haferflocken
6 Eier

2. *Zubereitung:*

Gib alle Zutaten in einen Mixer und verrühre sie, bis die Mischung geschmeidig ist.

3. *Nährwertangabe(Angabe pro 100g/Shake):*

Enthält Vitamin A, C, Eisen, Calcium.

Kalorien: 111
   Kalorien von Fetten: 45
Fette insgesamt: 5g
   Gesättigte Fettsäuren: 1,8g
Cholesterol: 143mg
Natrium: 72mg
Kalium: 121mg

Kohlenhydrate insgesamt: 7,2g
   Ballaststoffe: 0,7g
   Zucker: 3,2g
Proteine: 9g
Kalorien: 775
   Kalorien von Fetten: 315
Fette insgesamt: 35g

Gesättigte Fettsäuren: 12,9g	Kohlenhydrate insgesamt: 50,7g
Cholesterol: 1001mg	Ballaststoffe: 5g
Natrium: 502mg	Zucker: 22,6g
Kalium: 846mg	Proteine: 62,9g

59. Passionsfrucht Shake

Zubereitungszeit: 5 Minuten
Portionen: 4

1. *Zutaten:*

6 Passionsfrüchte
50g Erdbeeren
200ml Mandelmilch
50ml Milch
1 TL Vanilleextrakt(5g)
60g Molkenproteine

2. *Zubereitung:*

Gib alle Zutaten in einen Mixer und verrühre sie, bis die Mischung geschmeidig ist.

3. *Nährwertangabe(Angabe pro 100g/Shake):*

Enthält Vitamin A, C, Eisen, Calcium.

Kalorien: 171
   Kalorien von Fetten: 97
Fette insgesamt: 10,8g
   Gesättigte Fettsäuren: 9,1g
Cholesterol: 26mg
Natrium: 39mg
Kalium: 272mg
Kohlenhydrate insgesamt: 10,1g
Ballaststoffe: 3,3g
Zucker: 5,2g
Proteine: 10,4g
Kalorien: 857
   Kalorien von Fetten: 485

Fette insgesamt: 53,9g
Gesättigte Fettsäuren: 45,4g
Cholesterol: 129mg
Natrium: 193mg
Kalium: 1361mg

Kohlenhydrate insgesamt: 50,5g
Ballaststoffe: 16,7g
Zucker: 26g
Proteine: 51,9g

60. Johannisbeer Shake

Zubereitungszeit: 5 Minuten
Portionen: 6

1. Zutaten:

350g Johannisbeeren
200ml Milch
1 TL Erdnussbutter (15g)
7 Eier
100g Griechischer Joghurt

2. Zubereitung:

Gib alle Zutaten in einen Mixer und verrühre sie, bis die Mischung geschmeidig ist.

3. Nährwertangabe(Angabe pro 100g/Shake):

Enthält Vitamin A, C, Eisen, Calcium.

Kalorien: 85
   Kalorien von Fetten: 36
Fette insgesamt: 4g
   Gesättigte Fettsäuren: 1,4g
Cholesterol: 117mg
Natrium: 59mg
Kalium: 167mg
Kohlenhydrate insgesamt: 6,6g
Ballaststoffe: 1,5g
Zucker: 4,2g
Proteine: 6,2g
Kalorien: 846
   Kalorien von Fetten: 326
Fette insgesamt: 40,2g

Gesättigte Fettsäuren: 14,2g
Cholesterol: 1168mg
Natrium: 589mg
Kalium: 1669mg
Kohlenhydrate insgesamt: 65,9g
Ballaststoffe: 15,4g
Zucker: 42g
Proteine: 61,7g

ANDERE WERKE DES AUTORS

Fortgeschrittenes Training zur mentalen Stärke für Gewichtheber:
Verwende Visualisierungen um dein wahres Potential auszuschöpfen
Von
Joseph Correa
Zertifizierter Meditationslehrer

Steigere deine mentale Stärke im Bodybuilding durch Meditation:
Erreiche dein Potential durch Gedankenkontrolle
Von
Joseph Correa
Zertifizierter Meditationslehrer